2537371.

Mette-Marit
Die neue Königin der Herzen

Håvard Melnæs

METTE-MARIT

Die neue Königin der Herzen

Aus dem Norwegischen
von Ruth Stöbling und Hanno Frick

Ullstein

Ullstein Taschenbuchverlag
Der Ullstein Taschenbuchverlag ist ein Unternehmen
der Econ Ullstein List Verlag GmbH & Co. KG, München
Deutsche Erstausgabe
© 2002 für die deutsche Ausgabe
by Econ Ullstein List Verlag GmbH & Co. KG, München
© 2001 Se og Hør Forlaget A/S
First published by Se og Hør Forlaget A/S, Norway
Published by arrangement with Tönnheim Literay Agency, Sweden
Umschlaggestaltung: Buch und Werbung, Berlin
Titelabbildung: Evy Andersen/TinAgent.com
Abbildungen im Innenteil: Se og Hør, All Over, Scanpix, Ray Messner, Nunn,
Apor, Anders Martinsen, NRK und aus Privatbesitz
Satz: Leingärtner, Nabburg
Druck und Bindearbeiten: MOHN Media • Mohndruck GmbH
Printed in Germany
ISBN 3-548-42069-9

Inhalt

Liebe Leserinnen und Leser,

erinnern Sie sich an den Moment, als Sie zum ersten Mal von dieser ungewöhnlichen Liebesgeschichte im norwegischen Königshaus hörten?

Der schöne Prinz Haakon, verliebt in Mette-Marit, Bürgerliche mit Drogenvergangenheit, Mutter eines unehelichen Kindes.

BILD schrieb im Mai 2000: »Das riecht nach Ärger« und machte Prinz Haakon im September zum Gewinner auf Seite 1, weil er sich öffentlich zu dieser Liebe bekannte.

Die Welt stutzte, staunte – und war dann hellauf begeistert. Diese Mette-Marit, die war so ganz anders als Diana, unsere Königin der Herzen.

Sicher, wir haben Diana geliebt, haben mit ihr gelitten, als herauskam, dass Charles sie nicht geliebt hat. Aber Diana war nie eine von uns. Zu fern, zu anders, nicht von dieser Welt. Mit unseren kleinen und großen Problemen und Freuden hatte sie nichts gemein.

Die Geschichte von Mette-Marit und Haakon ist ein modernes Märchen. Der Beweis, dass die Liebe siegt, wenn man an sie glaubt. Wir freuen uns, Ihnen das Buch dieser großen Liebe präsentieren zu dürfen.

Herzlichst,

Ihre Marion Horn
BILD Chefredaktion

Life is just a party!
Prince, Künstler

Kapitel 1
Mamas Traumfesttag

Es ist eine schwere Zeit für die Einwohner von

Asker und Bærum, aber der Alltag ist nicht ganz ohne Ereignisse. Drei Dinge passieren gleichzeitig: Es regnet, regnet und regnet. Die Menschen können sich nicht überwinden, zwischen den Autos auf den Parkplätzen und vor den Einkaufszentren herumzulaufen, dicht gedrängt stehen sie in den Buswartehäuschen. Und es gibt nur zwei Branchen, die jubeln. Ein paar dort draußen westlich von Oslo – im Land der konservativen Høyre-Wähler – finden darin Trost, dass man an diesem Elend zumindest Geld verdienen kann. Die Reisebranche verkauft Reisen in den Süden an Menschen, die laut Mythos und Statistik höhere Durchschnittseinkommen und freiere Berufe haben als anderswo im Land. Kioske, Schuh- und Taschenläden verkaufen an den Rest Regenschirme.

Die Zeitung *Asker og Bærums Budstikke* meldet, dass es seit zwei Monaten tagtäglich regnet und dass Bærum im Begriff ist, Bergens unglaublichen Niederschlagsrekord von 1917 zu brechen. Der Höhepunkt ist erreicht, als die Zeitung Ende November 2000 eine Reportage aus dem Kindergarten Ånnerudtoppen bringt. Kinder und volle Messstationen sagen die Wahrheit:

»Wer weiß, was eine Sonne ist, hebt bitte die Hand«, sagt der Journalist zu den Kindern.

»Das ist ein rundes Ding mit gelben Strichen«, sagt eines der Kinder.

Am Freitag, dem 1. Dezember, meldet *Budstikka* auf einem Großteil der ersten Seite, dass der Niederschlagsrekord von 1917 gebrochen ist. 487 Millimeter sind in einem einzigen Monat gefallen, und über jeden Millimeter haben die Einwohner viel und ausführlich geredet.

An diesem Tag zeigt sich die Sonne als ein Streif am Himmel. *Budstikka* – das Blatt, das weltberühmt wurde, weil es den damaligen Kronprinzen Harald anonymisiert hatte, als es darüber berichtete, dass er bei einer Geschwindigkeitskontrolle erwischt wurde und mitteilte, er könne nach norwegischem Recht nicht bestraft werden, da sein Vater König sei – nutzt diese Chance nicht.

Auf der Arbeit und an anderen Orten, wo Menschen zusammenkommen, wird über die Sonne geredet. Nach einem langen Herbst mit feucht-fröstlichen himmlischen Plagen kann kaum jemand glauben, dass das wahr ist. Der Adventsmonat kann in mancherlei Hinsicht eine helle Zeit werden.

»Seltsames Licht in Asker und Bærum gesehen«, heißt denn auch eine der Überschriften in *Budstikka*. Aber weiter unten auf der Seite steht ein Artikel, der die Leute plötzlich das Wetter vergessen lässt und sowohl ihnen als auch dem Rest Norwegens ein vollkommen neues Gesprächsthema gibt. *Budstikka* ist eine Nachmittagszeitung. Die Redaktion kann deshalb noch die Ereignisse bringen, die morgens und vormittags stattfanden. Am Freitag, dem 1. Dezember, gibt es wirklich etwas zu vermelden.

Der Kronprinz hat sich in den Morgenstunden verlobt, der Kornprinz des eigenen Landes, der Junge aus Asker.

Die Einwohner von Asker sind den Umgang mit den Mitgliedern des Königshauses halbwegs gewohnt. Skaugum, der Wohnsitz der Königsfamilie, liegt zwischen schützenden Bäumen draußen auf dem Semsveien. Gardesoldaten, Sicherheitsbeamte, Autos mit A-Nummernschildern und Königskinder beim Einkaufen gehören zum Alltag. Die Einwohner von Asker schreien weder, noch johlen sie oder zeigen mit Fingern, sondern halten meist gebührenden Abstand zu dem, was auf Skaugum passiert, und leben damit, angefangen von den Limousinen bis hin zu den Fernsehteams vor den schmiedeeisernen Toren des königlichen Anwesens. Das ist in dieser Nachbarschaft normaler Betrieb.

Noch heute kommen Halbwüchsige nach Hause und sagen: »Heute habe ich Haakon im Plattenladen gesehen.« Doch das ist keine Sensation. Die Verlobung dagegen ist eine!

Im Schlosspark im Zentrum von Oslo herrscht das übliche Kommen und Gehen. Die Sonne über dem Regierungsbezirk Østlandet kam nicht, um zu bleiben. Und die Menschen hasten durch den Park, um sich die Kälte vom Leibe zu halten. Hunde verrichten ihr Geschäft an Bäumen und Büschen, und hin und wieder bremst ein Auto scharf an der gefährlichen Kreuzung Park- und Uranienborgveien. Wer vom Armaturenbrett und aus dem ganz hoch geschlagenen Jackenkragen aufblickt und das Schloss sieht, weiß kaum, dass sich dort gerade in dieser Stunde etwas Historisches ereignet. Das Schloss liegt da wie ein gelber Käse. Die Bäume sind leer gefegt von Blättern, und auf dem Hügel weichen die Menschen im Zickzack den Pfützen aus. Es sieht nach einem ganz normalen Adventswochenende aus!

Während die meisten in ihren Büros bei der ersten Tasse Kaffee des Tages sitzen oder in den wenigen geöffneten Geschäften im Zentrum Kunden bedienen, wird ein wichtiges Telefongespräch geführt. König Harald ist in seinem Büro im Schloss. Einer seiner Mitarbeiter ruft das Büro des Ministerpräsidenten im Regierungsgebäude an, nur ein paar Häuserblocks weiter. Hektische Geschäftigkeit setzt ein. Der König ist am Telefon. Es ist 9.15 Uhr, aber die wöchentliche Ministerratssitzung findet gewöhnlich nicht vor 13 Uhr statt. Der Anruf wird sofort zu Jens Stoltenberg durchgestellt. Die beiden begrüßen sich höflich, aber von nun an nimmt das Gespräch einen höchst ungewöhnlichen Verlauf.

Nur eine Stunde vor diesem Telefongespräch ist Frühstückszeit im Ullevålsveien in Oslo. Das ist eine lange Straße, die sich durch das Zentrum und den Ring 2 zieht und an der es mehrere Parks und eine große Anzahl von Mietshäusern gibt. Der Ullevålsveien erwacht allmählich zum Leben. In den Wohnungen geht das Licht an, die Leute bereiten das Frühstück zu, ziehen die Kinder an und fahren zum Kindergarten, wie es um diese Tageszeit im ganzen Land in vielen Familien geschieht. In Nummer 7 findet eine Brautwerbung statt. Ein Herr mit Namen Haakon kniet vor Mette-Marit Tjessem Høiby nieder und sieht ihr in die Augen, während er die vier magischen Worte sagt: »Willst du mich heiraten?«

Ministerpräsident Jens Stoltenberg war schon ein paar Tage zuvor informiert worden, dass sich Haakon und Mette-Marit verloben würden. Nun fragt Seine Majestät an, ob die norwegische Regierung der Verlobung zustimmen werde.

Das Gespräch wird beendet.

Der König wartet auf die Rückmeldung von Jens Stoltenberg. Als er selbst 1968 ein Mädchen aus dem Volk heiratete, musste er jahrelang darum kämpfen, dass er die, die er liebte, heiraten durfte und nicht eine andere aus königlichem Geblüt oder eine, die – wie seine Zeitgenossen meinten – »passender« für ihn sei. Jetzt, im Jahr 2000, weiß er natürlich, dass das Telefongespräch mit dem Ministerpräsidenten nur eine Formsache ist. Es würde wie eine Bombe einschlagen, wenn die Regierung Einwände hätte. Der König ist sich bewusst, dass dies eine der einfachsten Entscheidungen der Minderheitsregierung der Arbeiterpartei ist, seit sie im März an die Macht gekommen ist.

Eine Viertelstunde später klingelt im Schloss das Telefon.

Jens Stoltenberg gratuliert dem zukünftigen Schwiegervater. Der Ton ist entspannt. Die Regierung gibt – wie erwartet – selbstverständlich ihr Einverständnis zu der Verlobung.

Immer noch ist nur eine Hand voll von Personen informiert.

Die wenigen Abgeordneten, die im ovalen Stortingssaal anwesend sind, erwarten keine Nachricht von diesem Format, als die Stortingspräsidentin Kirsti Kolle Grøndahl pünktlich um 10 Uhr ans Rednerpult tritt. Der Saal ist spärlich besetzt. Viele sind abwesend, weil sie auf Reisen oder Sitzungen oder schon früh ins Wochenende zu ihren Familien nach Hause gefahren sind. Die Regierung wird ab 13 Uhr mit der Ministerratssitzung beschäftigt sein. Und an diesem Tag stehen keine größeren Entscheidungen an, meist geht es um formale Beförderungen und Anstellungen in höheren Staatsämtern. Das sind Angelegenheiten, um die sich ein gewöhnlicher Stortingspolitiker nicht zu kümmern braucht. Der Freitag ist im Parlament oft ein Tag der Möglichkeiten.

»Und dann bist du furchtbar lieb und süß.«
Mette-Marit kämpfte mit den Tränen.

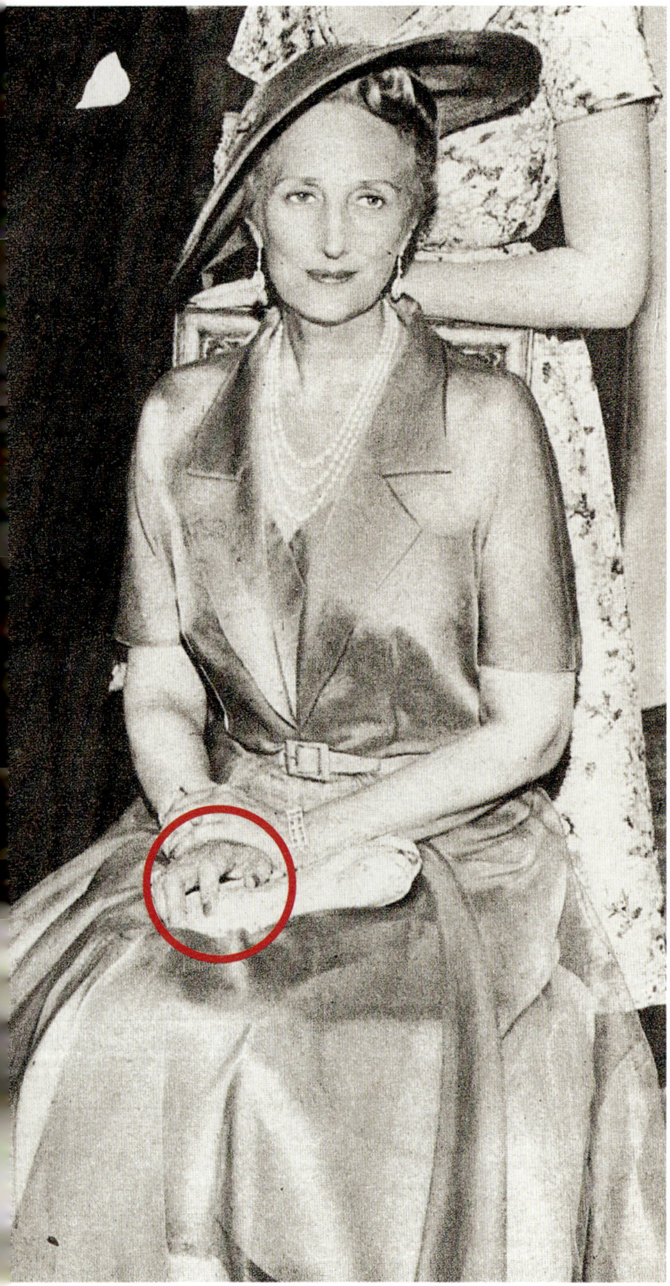

Der Verlobungsring, den Mette-Marit von Haakon erhielt,
steckte einst am Ringfinger von Kronprinzessin Märtha,
der Verlobten des damaligen Kronprinzen Olav, und Königin Sonja.

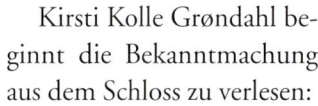

Kirsti Kolle Grøndahl beginnt die Bekanntmachung aus dem Schloss zu verlesen:

»*Verehrte Stortingspräsidentin, ich habe hiermit die Freude, dem Präsidenten des Stortings und dem Storting Norwegens mitteilen zu können, dass ich, nachdem ich Rücksprache mit dem Ministerpräsidenten und durch ihn mit der norwegischen Regierung genommen habe, hiermit meine Zustimmung gebe, dass mein lieber Sohn, Kronprinz Haakon heute die Verlobung mit Mette-Marit Tjessem Høiby eingeht.*«

Zu behaupten, dass der Saal vor Begeisterung überkochte, wäre ein glatter Fehler. Aber hinterher gibt es auf dem Flur ein Tuscheln und Flüstern. Die Parlamentarier haben seit langem in den Zeitungen über das Paar gelesen, waren aber mit ihren Kommentaren sehr zurückhaltend. Nun müssen Parteichefs und profilierte Volksvertreter plötzlich eine Meinung gegenüber den Medien vertreten.

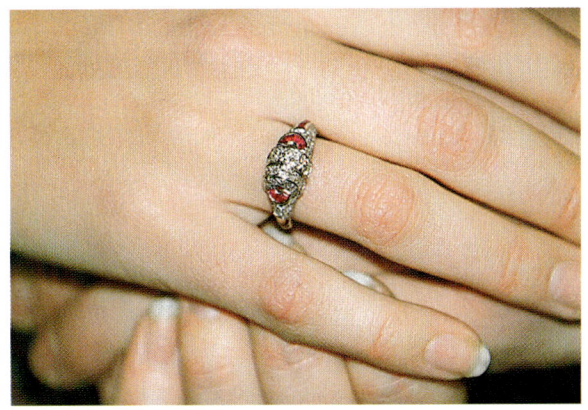

Das historische Ereignis findet statt, ohne von Fernsehkameras festgehalten zu werden. Das Schloss hat vergessen, die beiden Fernsehsender NRK und TV2 über das bevorstehende Ereignis zu informieren. Es gibt ein Tonband, auf dem die Stortingspräsidentin die Bekanntmachung des Schlosses verliest, keine Bilder. Die

Nachwelt wird vielleicht kaum verstehen können, dass dies das Jahr 2000 und nicht das Jahr 1900 ist.

Marit Tjessem wird diesen Freitag nie vergessen. An dem Tag wird sie 63 Jahre, hält das aber nicht für einen besonderen Anlass zum Feiern. Sie will wie üblich zur Arbeit in die *Kreditkassen* von Kristiansand gehen und freut sich auf ein besinnliches Wochenende und ein gutes Essen zu Hause mit ihrem Ehemann Rolf Berntsen. Früh am Morgen klingelt das Telefon. Es ist Mette-Marit. Die jüngste Tochter gratuliert der Mutter zum Geburtstag, hat aber noch etwas Besonderes auf dem Herzen.

Sie fügt hinzu: »Mama, ich und Haakon haben uns verlobt.«

Die meisten von uns haben im Fernsehen Interviews mit Lotto-Gewinnern gesehen. Gewöhnliche Menschen haben bis zu zehn Millionen Kronen gewonnen und wissen im Innersten, dass das ihr Leben völlig auf den Kopf stellen kann. Aber in den Interviews erleben wir sie als genügsame, vernünftige Norweger, die erzählen, dass die Kinder ihren Teil bekommen werden, dass Schulden abbezahlt werden sollen und dass sie im Sommer vielleicht in den Süden reisen wollen. Sie wirken kaum froh, denn wenn der Schock groß genug ist, setzt eine analytische Vernunft ein. Die wildesten Gefühle und Einfälle können später kommen. Aber für den Fall hat Norsk Tipping einen großen Beraterstab, angefangen

Geburtstag und Verlobung wurden zu Hause beim Sohn Per in Groruddalen gefeiert.

von Psychologen bis hin zu Finanzberatern, die den glücklichen Gewinnern zur Seite stehen, damit sie nicht als Unglückliche enden. Es ist kein Beraterstab zur Stelle, als einer Mutter in Südnorwegen mitgeteilt wird, dass sich ihre »unmögliche und eigensinnige« Tochter mit Norwegens zukünftigem König verlobt hat.

Ganz Norwegen weiß es vor dem Mittagessen. Ganz Europa erfährt die Nachricht, bevor der Arbeitstag zu Ende geht.

Das Telefon steht nicht still, und in den wenigen freien Minuten zwischen den Gesprächen schafft es Marit Tjessem, sich eine Fahrkarte nach Oslo zu kaufen und in aller Eile den Koffer zu packen. Sie verabredet mit Ehemann Rolf, dass er einstweilen abwartet und sich eventuell nach näherem Bescheid in Oslo einfindet. Das Ehepaar hätte so viel zu bereden, aber es ist unmöglich, sich nach ein paar Minuten am Telefon einen Überblick über die ganze Situation zu verschaffen. Es ist nur schwer vorstellbar, dass Mette-Marit Königspokale überreichen und in Norwegens Randgebieten Festlandsverbindungen eröffnen wird. Dass sie bei großem Staatsbesuch aus fremden Kulturkreisen Gastgeberin sein und mit dem Rest des königlichen Europas Umgang pflegen wird. All das soll für sie ebenso natürlich werden, wie es zu Beginn der 90er-Jahre für sie natürlich war, mit einer hippen Clique um das Konfektionsgeschäft Travernitt in N-4600 Kristiansand S herumzuhängen.

Vom Schloss über Groruddalen nach Skaugum, dem Wohnsitz der Königsfamilie! Das ganze Wochenende feierten Mette-Marit und Haakon ihre Verlobung im engsten Familienkreis.

Marit kommt am frühen Nachmittag in der Hauptstadt an und fährt zu ihrem Sohn Per Høiby nach Groruddalen in Oslo weiter. Er ist auf dem Nachhauseweg im Vinmonopolet, der staatlichen Wein- und Spirituosenhandlung, gewesen und hat Champagner gekauft. Per und seine Frau Wenke und die Kinder Juli und Joachim haben an diesem Nachmittag ein besonders gutes Essen zubereitet. Das, was sich heute ereignet hat, kommt schließlich nicht alle Tage vor. Bei Tisch wird darüber ge-

Freitag, der
1. Dezember
wurde für Marit
Tjessem zu einem
ganz besonderen
Tag. An ihrem
63. Geburtstag
verlobte sich ihre
jüngste Tochter
mit Norwegens
Thronfolger.

redet, wie sie sich im Umgang mit der Königsfamilie verhalten sollen und was sie den Journalisten sagen und nicht sagen wollen.

Im Hintergrund läuft das Fernsehen. Zu welchem norwegischsprachigen Kanal sie auch zappen, überall sehen sie Mette-Marit lächelnd, fein gemacht von Kopf bis Fuß, schöner denn je. Sie hält die Hand des Kronprinzen und wirkt recht selbstsicher. Die Familie studiert das Lächeln des Paares und was die beiden in die Kamera sagen, sie hören sich genau die Kommentatoren und die »Um fünf auf der Straße«-Meinungsumfragen an, die als Varianten sowohl bei NRK als auch bei TV2 laufen.

Später am Abend stehen Mette-Marit und Haakon in der Tür. Der Verkehr rauscht schwach auf der Autobahn stadtein- und stadtauswärts. Der Stadtteil Groruddalen, mit über 100 000 Einwohnern ebenso groß wie Trondheim, liegt in seinem ganz eigenen Licht. In dem lang gestreckten Tal gibt es Golfbahnen, Einkaufszentren und Plattenbausiedlungen. Vom Flugzeug aus könnte man deshalb abends den Eindruck gewinnen, dass Oslo tatsächlich eine Großstadt sei. Inmitten der »Vogelbauern« liegt eine Siedlung mit Einfamilienhäusern, und als Mette-Marit auf den Klingelknopf des Bruders in einem der ochsenblutrot gestrichenen Holzhäuser drückt, kommt Leben in die gute Stube. Die Nachbarn haben natürlich auch die Neuigkeit mitbekommen. Sie wissen mittlerweile, dass Per Højby »der Bruder von der da« ist. Schwieriger ist es schon, sich richtig dazu zu verhalten, dass die Hauptpersonen dieses direkt ausgestrahlten Nachrichtendramas mitten unter ihnen sind.

Die Frischverlobten werden umarmt und beglückwünscht, und Per Høiby schlägt Haakon kameradschaftlich auf die Schulter. Nun ist Haakon einer von ihnen, oder anders ausgedrückt: nun gehören sie zu seiner Familie. Nach ein paar Stunden in gemütlicher Runde setzen sich Haakon, Mette-Marit und ihre Mutter ins Auto. Haakon, der sich einmal »Johnny von Stovner« nannte, sitzt am Steuer. Er fährt Richtung Westen und hält erst, als er in eine Gegend kommt, die ihm vertrauter ist, die Gemeinde Asker und der Weg hinauf nach Skaugum, dem Haus seiner Kindheit.

Der Tag ist sehr ereignisreich gewesen, sogar für einen Vertreter des Königshauses, der offizielle Besuche mit straffem Programm gewohnt ist, wo man Kunst betrachtet, den bedeutendsten Persönlichkeiten des Gastgeberlandes die Hand schüttelt, in Limousinen befördert wird, mit Präsidenten speist und sich am Tag bis zu 18 Stunden konzentrieren muss. Als das Auto mit »dem Kronprinzen, der Schwiegermutter und der Verlobten« in Skaugum ankommt, werden sie von Königin Sonja und König Harald begrüßt. Die Umarmungen sind herzlich und lang, nicht nur höflich, wie es die königliche Etikette vorsieht. Alle haben das Bedürfnis, sich eine Last von der Seele zu reden, so wie es Spitzensportler in den Wald hinauszieht, um die Anspannung eines Wettkampfes durch einen leichten Lauf abzubauen. Spätabends sind die Stimmlagen dann normal, und sie besprechen das Programm für die nächsten Tage.

Als Marit Tjessem an diesem Abend in einem der Gästezimmer zur Ruhe geht, weiß sie nicht recht, ob die Wirklichkeit ein Traum ist oder der Traum Wirklichkeit.

Die Premiere ist vorüber, und es zeigt sich, dass die Zeitungen, die am nächsten Morgen auf dem Frühstückstisch von Skaugum bereitliegen, voller lobender Worte sind – von allen Seiten. Wenn es für königliche Verlobungen Noten gäbe, hätte diese die höchste Punktzahl erreicht.

Am Sonnabend ist die ganze Königsfamilie zum Hochzeitsessen im exklusiven Restaurant »Bagatelle« in der Bygdøy Allé eingeladen. Es ist mit zwei Sternen in dem berühmten *Guide Michelin* aufgeführt, und auch die Braut hat an diesem Sonnabend Sterne in den Augen. Sie heißt Benedikte Ferner und ist Tochter von Prinzessin Astrid und ihrem Ehemann Johan Martin Ferner. Benediktes Ehemann heißt Mons Stange. Die Hochzeit ist schon seit langem geplant, und die Anwesenheit von Haakon und Mette-Marit lenkt die Aufmerksamkeit ein wenig von dem Brautpaar ab.

Eine strahlende Königin Sonja – mit ihrer zukünftigen Schwiegertochter und ihrem Sohn im Gefolge – beim Verlassen des Luxusrestaurants »Bagatelle«. Hier waren sie Gäste des Hochzeitsessens von Benedikte Ferner und Mons Stange.

Später am Abend sorgt Mons Stange dafür, dass sich die Aufmerksamkeit wieder ganz auf das Brautpaar konzentriert.

Das Fest im »Bagatelle« ist ausgelassen und wird, nachdem sich der vornehmste Teil der Königsfamilie zurückgezogen hat, in einem Hotel im Zentrum fortgesetzt. Dort ist Mons Stange dann später – allgemeinverständlich ausgedrückt – sternhagelvoll. Er wankt durch die Flure und erschreckt weibliche Hotelgäste, weil er in ihre Zimmer einzudringen versucht. Die Sicherheitskräfte des Hotels schaffen es nicht, ihn zur Ordnung zu rufen, und sehen keinen anderen Ausweg, als die Polizei zu ho-

Der Bräutigam Mons Stange landete noch während der Hochzeitsnacht in der Ausnüchterungszelle und musste sich am Tag darauf sowohl bei seiner Frau Benedikte Ferner als auch bei der übrigen Königsfamilie entschuldigen.

len. Der frisch vermählte Mons Stange wacht am nächsten Tag in der Ausnüchterungszelle der Polizeiwache im Stadtteil Grønland auf.

Niemand ist da, dem er die Morgengabe überreichen kann.

Viele wissen, was es heißt, mit schwerem Kopf aufzuwachen, aber nicht alle müssen sich am nächsten Tag bei den Gästen ihrer eigenen Hochzeit entschuldigen.

Alle Medien beschäftigen sich ausführlich mit dem Zwischenfall. Aber auf Skaugum ist die Hochzeit kein Gesprächsthema, als sich am nächsten Tag Haakons und Mette-Marits Familien zum allerersten Mal begegnen. Die Stimmung ist in beiden Lagern leicht nervös. Die Kristiansander, seit Generationen besonnene Südnorweger, beschließen, sich so natürlich wie möglich zu geben. Aber trotzdem bleiben viele Fragezeichen. Wird die Chemie stimmen? Welche Art von Unterhaltung ist angebracht? Soll man viel oder wenig reden? Wie in aller Welt redet man das Königspaar an? Als Harald und Sonja oder Ihre Majestät?

Per Høiby kennt die Königsfamilie zwar gut aus der Zeit, als er Adjutant des Königs war, aber er war nie bei ihr zu Hause zum Essen eingeladen. Und er hätte sich kaum vorstellen können, dass es anlässlich der Verlobung seiner Schwester Mette-Marit mit dem Sohn seines früheren Arbeitgebers zum ersten Mal geschehen würde.

Am Sonntagabend kommen die Gäste in einem Ehrengeleit frisch gewaschener Autos auf dem königlichen Anwesen an. Es bleibt ihnen gerade noch Zeit, die Gastgeber zu begrüßen und sich in dem beeindruckenden Haus umzusehen. Dann werden alle Hals über Kopf hineingezogen in das, was für den König des Landes und seine Familie zum Alltag gehört. Die offiziellen Fotos müssen gemacht werden.

Die große Halle auf Skaugum, der so genannte Kaminraum, dient als Fotostudio. Die Fotografen stehen bereit, um die historischen Verlobungsbilder aufzunehmen.

Der Fototermin soll um 18 Uhr beginnen, verspätet sich aber um 45 Minuten. Lise Åserud von *Scanpix*, Vidar Ruud von *Apor* (dem Osloer Büro der sozialdemokratischen Presse) und Fotograf Sturlasson müssen warten. Nur eine halbe Stunde wird ihnen zugestanden. Die beiden Erstgenannten müssen den Redaktionsschluss der Zeitungen im ganzen Land einhalten und verlassen als Erste den Ort.

»Die Stimmung ist ausgezeichnet, alle sind gut gelaunt. Haakon und Mette-Marit wirken furchtbar verliebt. Sie halten sich umarmt, schmusen und küssen sich die ganze Zeit«, berichtet Vidar Ruud in *Apor*. »Dasselbe Motiv wird dreimal fotografiert, wir machen jeder unsere Bilder. Die Königsfamilie ist gewohnt, fotografiert zu werden, und gibt sich vor der Kamera unverkrampft. Die ganze Zeit sorgt ein Stylist dafür, dass alle gut aussehen. Er bemüht sich besonders um die Königin und Mette-Marit. König Harald hat ein entspannteres Verhältnis zu dem Ganzen. Er ist ganz locker, hat aber stets eine humorvolle Bemerkung bereit.«

Lise Åserud von *Scanpix* hat die Mitglieder der Königsfamilie schon oft fotografiert, hält dies aber für einen besonderen Anlass. Sie hätte sich mehr Zeit zum Fotografieren gewünscht. »Wir haben wenig Zeit, zirka 50 Sekunden jeder für jedes Motiv. Das sind insgesamt sieben Motive«, sagt sie. Für die ersten Motive benutzt Lise Åserud eine Digitalkamera. Die Verlobungsbilder sollen in den 19-Uhr-Nachrichten gesendet werden. Nach den beiden ersten Aufnahmen übergibt sie die Kamera einem Kollegen von *Scanpix*. Er schickt die Bilder an NRK weiter, und sie kommen auf einem PC in Marielyst an, nur ein paar Minuten bevor die Erkennungsmelodie der Sonntagsnachrichten in Tausenden norwegischen Wohnungen erklingt.

Im Gegensatz zu dem Umgang, den das Schloss mit den Medien pflegt, ist vor diesem ersten Treffen der beiden Familien nichts dem Zufall überlassen worden. Der Stab auf Skaugum mit Königin Sonja als Oberstkommandierender, die jede Kleinigkeit plant, tritt umgehend in Aktion. Dies ist ein Art von Festgesellschaft, wie sie hier nicht oft vorkommt – eine zugleich offizielle und privat Feier.

Finn Schjøll, Norwegens bekanntester Florist, wird angerufen und gebeten, für die Blumendekoration zu sorgen.

»Von wie viel Blumen ist die Rede«?, fragt er.

»Kommen Sie bitte heraus, und sehen Sie es sich an. Was glauben Sie, wie viel brauchen wir?«, lautet die Antwort.

Finn Schjøll wird von Sonja herumgeführt, und sie einigen sich darauf, dass alles in Weiß gehalten sein soll. Unschuldsweiß. »Blumen-Finn« liefert in Rekordzeit Sträuße, Gestecke und andere wunderschöne Dekorationen.

Rund 500 Fackeln beleuchten den Weg vom Tor zum Hauptgebäude. Nie zuvor ist Skaugum in so viel lebendes Licht getaucht gewesen.

Der Fototermin wird zu einem Feuerwerk aus hellem Lachen, weißen Zähnen, die im Halbdunkeln schimmern, und dem sanften Klicken der abgedämpften Blitzlichtlampen, die ringsum im Raum aufgestellt sind.

Der Fotograf Sturlasson bleibt, nachdem die beiden Kollegen gegangen sind. Er wird für die Königsfamilie die privaten Fotos machen. Und nun werden die anderen Gäste hereingebeten, die im Wohnzimmer warten. Sven O. Høiby, seine Exfrau Marit Tjessem und ihr Ehemann Rolf Bertsen lächeln stolz auf den offiziellen Bildern. Draußen im Wohnzimmer sitzen außerdem Espen Høiby mit Ehefrau Hege, Per Høiby mit Ehefrau Wenke und Kristin Høiby mit Ehemann Per Olav Bjørnøy.

Zum ersten Mal in der Geschichte der Monarchie hat die zukünftige Kronprinzessin zwei Väter, die sie dem Königspaar vorstellt – ihren biologischen Vater Sven O. und ihren Stiefvater Rolf.

Doch halt, fehlt hier nicht noch jemand? Marius ist im letzten Augenblick angekommen. Gerade noch rechtzeitig zum Fototermin. Er ist das ganze Wochenende mit seinem Vater Morten Borg in den Bergen gewesen, sie sind zusammen Ski gelaufen und haben im Schnee herumgetobt. Als Morten Borg nach Skaugum kommt, um der Mutter den Sohn zurückzubringen, entdeckt er die Pressefotografen vor dem Tor. Er ist der Polizei kein Unbekannter, aber er ist nie in den Medien aufgetaucht, nachdem sich die Frau, mit der er ein Kind hat, den Kronprinzen gekapert hat. Klein-Marius wird deshalb über einen geheimem Waldweg auf der Rückseite von Skaugum »eingeschmuggelt«. Der Mittelpunkt des Festes kann sich endlich in die Arme seiner Mutter stürzen. Den Fotografen draußen vor dem Tor gelingt es nicht, auch nur ein einziges Foto zu schießen.

Marius ist auf den offiziellen Bildern nicht dabei, nur auf den privaten zum Schluss. Aber er ist allgegenwärtig – und herzlich dabei. Der Junge nimmt alle für sich ein. Vor allem Sonja ist in ihrem Element, überwältigt von dem natürlichen Charme, den das Kind ins Haus gebracht hat. Bei offiziellen Anlässen kann sie förmlich und verschlossen wirken, im privaten Umgang ist sie dagegen völlig anders.

Ganz zum Schluss macht Fotograf Sturlasson ein Gruppenbild von allen 16 Gästen des Festmahls, Kopien davon erreichen aber nicht die Öffentlichkeit. Sie sind für den privaten Gebrauch bestimmt, eine Erinnerung an etwas, das den wenigsten Norwegern vergönnt ist – an der Privatsphäre der Königsfamilie teilzuhaben.

Endlich werden die Gäste in den Speisesaal gebeten. Ein beeindruckendes Bild bietet sich ihnen. In der Mitte des acht Meter breiten Raumes steht die festlich gedeckte Tafel. Das schönste Silberbesteck des Hauses liegt korrekt neben und über den Porzellantellern. Die Stirnwand wird von einem barocken Gobelin beherrscht, die Kronleuchter strahlen. Die Saalhöhe beträgt fünf Meter, sie muss auch in übertra-

Nächste Doppelseite
Zum ersten Mal in der Geschichte der Monarchie bekam ein Kronprinz zwei Schwiegerväter gleichzeitig. Von links: Rolf Berntsen, Marit Tjessem, Sven O. Høiby, Mette-Marit, Haakon, Königin Sonja und König Harald.

genem Sinne hoch genug sein, nachdem das Gespräch lebhaft in Gang gekommen ist. Sonja ergreift das Wort und lobt Finn Schjølls Blumendekoration. Der König und die Königin nehmen ihren Platz an den Stirnseiten der Tafel ein, und die Delikatessen werden hereingetragen, Gang auf Gang, vier Gänge insgesamt.

Es besteht kein Grund, sich über den Wein zu beklagen oder ihn wieder hinauszuschicken. Sechs Flaschen Rotschild Mouton von 1980 werden im Laufe des Abends geleert. Auf der Weinauktion in London kostet die Flasche drei- bis viertausend Kronen (400–500 Euro), in guten norwegischen Restaurants liegt der Preis dagegen bei zehntausend Kronen (1300 Euro).

Marius macht sich nichts aus der roten Brause der Erwachsenen oder den Gerichten auf dem Tisch – ihm gefällt es am besten unter dem Tisch. Der Junge ist ständig in Bewegung und besonders von »Tante« Märtha Louise begeistert. Sie muss mit ihm spielen, bis er müde genug ist, sich an den Tisch zu setzen und sein extra bestelltes Verlobungsessen zu verzehren: zwei Scheiben Brot mit Löcherkäse.

Das Gespräch bei Tisch ist ungezwungen wie bei jeder anderen norwegischen Sonntagabendgesellschaft, bei der sich die Familien gut verstehen. Einmal bricht die ganze Gesellschaft unisono in Gelächter aus. Marius ist es gelungen, die Aufmerksamkeit der ganzen Tafelrunde zu erringen, und platzt mit der Frage an Märtha Louise heraus: »Bist du ein Kind oder eine Erwachsene?«

Sven O. Høiby ist in den Fernsehsendungen als die Verkörperung eines südnorwegischen Fischers in dem für diese Gegend typischen Bootstyp dargestellt worden. Pall Mall rauchend, in hochgeschlossenem Pullover, mit scharfem Blick und grauem Hemingway-Bart. Ein Mann, der gern Geschichten erzählt, sowohl über tatsächliche Ereignisse als auch Räuberpistolen. Er hat in seinem Verlag eine Reihe von Büchern mit klassischen Geschichten aus dem Regierungsbezirk Sørlandet herausgegeben. Und er ist es auch, der sich zum Abschluss des Essens im Namen aller bedankt. In seiner Rede lobt Sven O. Høiby die Gastgeber und flicht auch ein paar Worte über Mette-Marit und seinen zukünftigen Schwiegersohn ein.

Nach dem Essen geht die Gesellschaft in die angrenzenden Räume, wo das Gespräch bei *Café avec* weitergeführt wird. Die Herren trinken ihn mit Kognak, die Damen mit Likör. Nun ist es der König, der Geschichten erzählt, und nach ein paar Stunden leiblicher Genüsse und angeregter Unterhaltung sagt Sonja: »Das sollten wir bald wiederholen.« Das ist das Zeichen, dass sich das Fest dem Ende nähert. Kurz nach Mitternacht verabschieden sich alle von den Gastgebern. Marit Tjessem, Rolf Berntsen und Marius bleiben und übernachten auf Skaugum. Natürlich auch Haakon und Mette-Marit, nun brauchen sie aber nicht mehr getrennt zu schlafen, denn im Laufe dieser ersten Dezembertage sind sie einander »gesetzlich anverlobt« worden.

Schwere Wolken hängen über Skaugum, dem Wohnsitz der Königsfamilie. Die Autos sind feucht vom Tau, und die Nachtluft ist rau. Das nasskalte Wetter wird verschwinden und schon ein paar Tage später wiederkehren, bis es endlich richtig kalt zu werden beginnt. Sogar *Asker og Bærums Budstikke* beschäftigt sich nicht länger so intensiv mit dem Wetter. Die 16, die bei der außergewöhnlichen Feier dabei gewesen sind, haben an diesem Abend die Sonne scheinen sehen.

Die Sonne schien drinnen und trug den Namen Mette-Marit.

Nicht viele aus dem Volk haben vom Balkon des Schlosses einer Menschenmenge zugewinkt. Eine der wenigen ist Mette-Marit, die hier gemeinsam mit ihrem Liebsten winkt, nachdem die Verlobung bekannt gegeben worden ist.

Kapitel 2

Nesthäkchen Mette-Marit

Am Sonntag, dem 19. August 1973, hing die Sonne wie eine überreife Vitamin-C-Bombe über Kristiansand. Ein paar Zirruswolken dösten am Himmel. »Start« – die 1. Oberligamannschaft, die eine südnorwegische Version des Sambafußballs erfand – hatte an diesem Wochenende spielfrei. Die Fußballfans mussten den Sonntag einmal anders verbringen, als wie üblich ins Stadion zu gehen. Ein paar von ihnen fuhren hinaus zur Schärenküste, wo eine Segelregatta stattfand.

Der 36-jährige Sven O. Høiby und seine Söhne Espen (14) und Per (11) überprüften Tauwerk und Segel ihrer Flipperjolle. Die Jungen nahmen an der Regatta teil, und Mannschaftsbetreuer Sven O. wollte den schönen Tag möglichst genießen. Er wusste, dass dies für die beiden Söhne der letzte Segeltörn der Saison sein könnte. Bald würde ein neues Baby alle Zeit und Aufmerksamkeit der Familie in Anspruch nehmen. Daheim im Einfamilienhaus in Vågsbygd saß seine hochschwangere Frau Marit, aber bis zur Niederkunft waren es noch ein paar Tage.

Am Nachmittag kamen die drei zurück in den Løvsangerveien.

Sie fanden das Haus leer vor.

In aller Eile fuhren sie zum St.-Josefs-Hospital, wo auch die beiden Jungen und Schwester Kristin (9) zur Welt gekommen waren. Während Sven O. zusah, wie die Jungen das Boot an den Wind brachten und es durch die See pflügte, hatte die Familie ein neues Mitglied bekommen. Es war ein Mädchen. Es erhielt den Namen Mette-Marit und entwickelte sich schnell zum Mittelpunkt der Familie. 28 Jahre später sollte sich in der Familie abermals alles um Mette-Marit drehen.

Mette und Marit waren in den Siebzigern relativ häufige Namen. Aber der Doppelname war selten, er ist in Norwegen nur 22-mal vergeben worden. Wir können uns jedoch vorstellen, dass er in Zukunft beliebter sein wird, so wie der Name Sonja häufiger vorkam, nachdem sich Sonja Haraldsen 1968 mit Kronprinz Harald verlobt hatte.

Der Name Mette-Marit kann beeinflusst worden sein durch eine bekannte Buchserie, die Bjørg Gaselle von 1959 bis 1971 im Nasjonalforlaget herausgab. Es waren spannende Geschichten über ein blondes und mutiges junges Mädchen, das auf dem Umschlag zum Verwechseln der Mette-Marit gleicht, die inzwischen ganz Norwegen kennt. Die Bücher tragen Titel wie »Mette-Marit wird berühmt«, »Mette-Marit geht zum Film«, »Mette-Marit meistert die Lage«, »Mette-Marit bekommt was zu denken« – und nicht zuletzt eine Prophezeiung, die zumindest für Mette-Marit Tjessem Høiby in Erfüllung ging: »Mette-Marit auf dem Weg nach oben«.

Mit der wirklichen Mette-Marit wurde gespielt, sie wurde gehätschelt, und wie bei den meisten Nesthäkchen führte all die Aufmerksamkeit fast dazu, dass sie verzogen wurde. Drei Geschwister kämpften um die Gunst des Blondschopfes. Und sollte Mette-Marit bereits damals ein Aschenputtel gewesen sein, dann war es nur natürlich, Geschwister mit Namen aus norwegischen Sagen und Märchen zu haben: Per und Espen Askeladd. Und nicht zu vergessen Kristin Lavransdatter.

»Die älteren Geschwister waren alle an ihrer Erziehung beteiligt. Sie waren vielleicht strenger als ich und Marit. Wir Erwachsenen hatten ja ein wenig Erfahrung und das Gefühl, so einigermaßen die Kontrolle zu haben, aber Espen, Per und Kristin setzen der Kleinen klare Grenzen«, erzählt Sven O.

Mette-Marit wuchs in einer familienfreundlichen Umgebung auf. Slettheia in Vågsbygd ist ein Stadtteil von Kristiansand, zu dem auch Fiskåtangen, Andøya, Kjos Haveby, Åsanne, Kjos und Møvik gehören. Der Ort eignete sich perfekt für eine Familie mit vier Kindern. Die Jungen spielten in den friedlichen Straßen Fußball und Schlagball, und die Mädchen vergnügten sich bei Seilspringen und Hopse. Vor vierzig Jahren bestand Vågsbygd noch vorwiegend aus Wald, Wiesen und Feldern. Hierher zogen die Kristiansander an den Wochenenden, um spazieren zu gehen und zu picknicken. Mitte der sechziger Jahre setzte dann eine hektische Bautätigkeit ein, die mehr als zehn Jahre anhielt. Einfamilienhäuser schossen wie Pilze aus dem Boden, und auch die Familie Høiby baute sich hier zwei, drei Jahre vor Mette-Marits Geburt ein Haus. Damals arbeitete Sven O. als Journalist bei *Christianssands Tidende,* einer

Nur ein paar Monate alt und schon unwiderstehlich. Wie die meisten Nesthäkchen wurde sie ein bisschen verzogen.

Kein Wunder, dass man dieses Mädchen gern hatte. Die Geschwister wetteiferten um seine Gunst.

Zeitung der Høyre. Er schrieb Artikel über Politik und was sich sonst noch in der Heimatstadt ereignete, natürlich alles aus Sicht dieser konservativen Partei. Einmal schrieb er eine Artikelserie über einen Bauern, dem viel Land gehörte, unter anderem auf Slettheia. Darin wurde der Mann in einem sehr vorteilhaften Licht dargestellt. Der Mann war so beeindruckt, dass sich Sven O. fünf Baugrundstücke aussuchen durfte, und das völlig unentgeltlich! Sven O. hätte mit dem Verkauf der Flächen viel Geld verdienen können, aber er war großzügig gegenüber seinen Nächsten. Drei Baugrundstücke gab er an Freunde weiter. Das vierte schenkte er seiner älteren Schwester Åshild, und das fünfte und letzte behielt er selbst.

Sven O. ist stets ein Mann gewesen, der seine eigenen Wege ging.

In den Siebzigern herrschten in Norwegen noch scharfe Klassenunterschiede, und besonders ausgeprägt waren sie da, wo Mette-Marit aufwuchs. Die Arbeiterklasse bestimmte sowohl das Vereins- als auch das Kulturleben, und niemand blieb unbeeinflusst von den Grenzen, die gesetzt und auch aufrechterhalten wurden. Die Bewohner von Slettheia lebten zwar unter demselben Himmel, waren aber dennoch zweigeteilt: Im unteren Teil lebten jene, die zur oberen Schicht der Arbeiterklasse gehörten und in eigenen Häusern wohnten. Zu ihnen zählte die Høibys. Der obere Teil von Slettheia hieß im Volksmund »Golan-Höhe«. Dieser Teil bestand aus Plattenbauten, in denen sehr viele Einwanderer lebten, hauptsächlich aus Pakistan und Vietnam. Auch wenn die Entfernung zwischen dem oberen und unteren Teil nicht groß war, waren doch die kulturellen Unterschiede umso größer. Unter anderem gingen die Kinder in getrennte Schulen. Mette-Marit wohnte nur ein paar hundert Meter von den gleichaltrigen Kindern der Einwanderer der ersten Generation entfernt, aber keines von ihnen war in Mette-Marits Klasse an der Grundschule von Slettheia.

Hippie-Eltern traten oft für eine Erziehung ein, die man als »Freiheit ohne Verantwortung« bezeichnen könnte. Mette-Marit wuchs in Freiheit auf, aber ihre Erziehung
war von Verantwortung und Aufsicht geprägt, und sie war bald so verwegen und
selbstbewusst, wie es Mädchen gegen Ende der Siebziger sein konnten. Sie ließ sich
nichts von den Jungen gefallen und wollte mit allem selbst zurechtkommen. Nichts
war gefährlich, bis nicht das Gegenteil bewiesen war. Mit vier Jahren bekam sie Slalomski. Die Familie fuhr an den Wochenenden und im Urlaub oft in den Wintersportort Hovden in der Gemeinde Bykle. Dort besaßen die Høibys eine Hütte, die
Sven O. selbst gebaut hatte. Während sich in der Küstenstadt Kristiansand oft schon
der Frühling zeigt und die Straßen schneefrei sein können, herrscht dort oben, nur
drei Stunden Fahrt vom Zentrum entfernt, noch reges Leben im feinen Pulverschnee.

Die vierjährige Mette-Marit ging in die Spur und fuhr, ohne zu bremsen oder
Angst zu haben, den ganzen Hovden-Hang hinunter. Unten wurde sie von dem be-
eindruckten Reporter eines Lokalsenders interviewt. »Furchtbar, dieser Helm!«,
sagte der Dreikäsehoch aufs Bandgerät und teilte mit, dass es Spaß gemacht habe.

Papa Sven O.
versuchte, die
jüngste Tochter
auch für den Se-
gelsport zu be-
geistern. Aber im
Gegensatz zu
ihren beiden äl-
teren Brüdern
fand sie Segeln
langweilig.

Familienidyll zu Hause im Løvsangerveien in Kristiansand. Mette-Marit auf dem Schoß von Espen, ihrem ältesten Bruder. Per und Kristin auf dem Sofa mit ihrer inzwischen verstorbenen Großmutter Ingrid.

Als sie klein war, half Mette-Marit gern und eifrig in der Küche.

Mette-Marit besaß nie dieselben Wettbewerbsinstinkte wie die Brüder. Hauptsache, es machte Spaß!

Die Høibys waren bereits damals ein Familientyp, wie ihn die Werte-Kommission zwanzig Jahre später hoch gelobt und als Vorbild hingestellt haben würde. Alle Jahreszeiten hatten für die Familie ihre sportlichen Reize, und besonders die beiden Söhne versuchten, sich gegenseitig zu übertrumpfen. Espen war der Beste im Segeln, Per lief am besten Ski. Aber die Brüder hörten nie mit dem Versuch auf, sich gegenseitig den Rang abzulaufen. Nur auf einem Gebiet versuchte die Familie nie, zu gewinnen oder auch nur teilzunehmen, und das war das christliche Leben. Süd-

Mit festem Blick und unwiderstehlichem Lächeln – Mette-Marit 1980 in der ersten Klasse der Grundschule von Slettheia.

norwegen ist berühmt wegen seiner vielen Bethäuser. Der so genannte Bibelgürtel zieht sich durch alle Kleinstädte der Region und hat eine Tendenz zum Extremen. Entweder ist man sehr christlich und lebt entsprechend, oder man ist Atheist.

Die Familie Høiby befand sich irgendwo dazwischen.

Sven O. wuchs in einer sehr religiösen Familie auf, hatte aber eine eher pragmatische Haltung zur Ausübung seines Glaubens. Er und Marit zwangen ihren Sprösslingen keine Kinderbibel auf, und auch vor dem Essen brauchten sie kein Tischgebet zu sprechen. Die Familie ging – wie viele andere Norweger auch – an Festtagen und bei Familienfeiern wie Hochzeiten, Konfirmationen, Taufen oder zu Beerdigungen in die Kirche.

Mette-Marit in der 1. Klasse der Grundschule von Slettheia.

Als Mette-Marit geboren wurde, gab Marit Tjessem ihre Arbeit als Bankangestellte in der *Kreditkassen* auf. Während die drei ersten Kinder aufwuchsen, waren die Eltern meistens berufstätig gewesen. Aber nun wollte es die Mutter ungestört genießen, ihre jüngste Tochter aufwachsen zu sehen. Die Familie konnte es sich leisten.

Marit stellte fest, dass sich zwischen den Kindern ein ganz besonderes Verhältnis entwickelte. Kristin half Mette-Marit, gab ihr alle möglichen Ratschläge und erzählte ihr, wie es in der Schule war. Ende August 1980 kam das Nesthäkchen in die 1. Klasse. Die Schule lag nur ein paar Minuten vom Einfamilienhaus im Løvsangerveien entfernt, und viele Mädchen – und auch Jungen – aus der Nachbarschaft kamen in dieselbe Klasse.

Wie mehr als 20 Jahre später nicht anders zu erwarten, erinnern sich viele Klassenkameraden der Grund- und Realschule kaum noch an diese frühen Jahre oder an besondere Erlebnisse mit Mette-Marit. Wenn ein Mädchen aus einer nicht allzu großen Stadt in Norwegen den Kronprinzen und die Sympathie fast des ganzen Königreiches gewonnen hat, könnte man vielleicht Klatsch und andere Ausdrucksformen von Missgunst erwarten, dass irgendwer gern Geschichten aus der Kinderzeit

verbreiten möchte oder herablassend von einem Mädchen spricht, das er kannte. Aber im Jahr 2001 haben alle aus der Schulzeit meist nur Positives über Mette-Marit mitzuteilen. Das gilt auch für Alf Erik Andersen, den einstigen Klassenkameraden und Landesmeister im Radrennen:

»Sie hatte besondere Eigenschaften. Sie war unglaublich lebhaft und zugleich ernsthaft. Mette-Marit kam immer gut vorbereitet in den Unterricht, auch wenn sie oft und gern den entgegengesetzten Eindruck machte. Ich kann mich erinnern, dass sie immer anfing zu lachen, wenn der Lehrer sie abfragen wollte. Dann glaubte die Klasse, sie sei schlecht vorbereitet, aber irgendwie kam sie immer durch. Sie konnte eine zerstreute Tagträumerin sein, wenn es aber darauf ankam, war sie immer gut und bekam gute Zensuren.«

Das Haus im Løvsangerveien stand den Freundinnen offen. Die Mädchen hielten sich in Mette-Marits Zimmer auf und taten, was Mädchen in dem Alter so tun. Sie spielten mit Barbiepuppen und durchstöberten die Schminktäschchen der Mutter und großen Schwester. Da beide Eltern arbeiten gingen, kam Mette-Marit als Erste nach Hause. Deshalb hielt sie sich oft bei den Nachbarn auf, bei Tante Åshild und Onkel Jan Gabrielsen.

Das Nachbarhaus war ihr Ersatzzuhause.

Die fünfte Klasse ging zu Ende, und Mette-Marit freute sich auf einen langen und heißen Sommer. In der sechsten Klasse traf sie ihre Klassenkameradinnen wieder, aber in diesem Schuljahr passierte etwas Neues. Pubertät stand nicht auf dem

Mette-Marit im Bunad, der norwegischen Nationaltracht, mit Freundinnen beim Familienbesuch in Kongsberg.

Links und oben: Nesthäkchen Mette-Marit stand am Heiligabend natürlich im Mittelpunkt. Für wen mag dieses Geschenk bestimmt sein?

Mette-Marit am Heiligabend mit Papas Tante, der inzwischen verstorbenen Ragna Tvedt.

Oben: Mette-Marit am Heiligabend mit Mama Marit, Papa Sven O., Großmutter Brita und den Geschwistern Kristin und Per.

Unten: Mama Marit und ihre jüngste Tochter mit Freunden im Wintersportort Hovden, wo die Familie jahrelang eine Hütte besaß.

Mette-Marit mit Großmutter Brita und Ragna Tvedt, der älteren Schwester von Großmutter Ingrid, bei einem Familientreffen in Kongsberg.

Gegenüberliegende Seite:
Sind wir nicht schick? Mette-Marit und ihre große Schwester Kristin gegen Ende der siebziger Jahre an einem 17. Mai, dem norwegischen Nationalfeiertag.

Links:
Mit Rattenschwänzen beim Stelzenlauf am 17. Mai. Rund zwanzig Jahre später winkte sie dem norwegischen Volk vom Balkon des Schlosses zu.

Unten: Klassenfoto der 9. Klasse der Realschule Fiskå.

Stundenplan, beschäftigte die Mädchen aber sehr. Die sechste Klasse ging auch vorüber, und dann brach die Idylle zusammen. Der Wechsel in die Realschule stand bevor, und das bewegte die Gemüter außerordentlich. Mette-Marit war meistens diejenige, die den Chor der Kichersusen anführte, nun entwickelte sie sich zu einer der Solistinnen im Chor der Weinsusen.

Stell dir bloß vor, wenn ich nicht in dieselbe Klasse komme wie Solveig! In welche Klasse kommt denn Birgitte?

Die Schüler hatten zuvor eine Liste von fünf Mitschülern zusammengestellt, die sie gern mit in die neue Klasse nehmen würden. Das Drama nahm ein gutes Ende, zur großen Erleichterung sowohl der Mädchen als auch der Klassenlehrerin Astrid Sælø. Die besten Freundinnen aus der Gegend unterhalb der »Golan-Höhe« sollten auch in den folgenden drei Jahren zusammenbleiben.

In der Familie Høiby war der Zusammenhalt mindestens ebenso gut wie unter den Freundinnen. Die Toleranzspanne war groß. Andere Meinungen und Ansichten waren erlaubt und geschätzt. In einer Familie, in der später alle deftige Diskussionen sowohl über alltägliche als auch ernsthafte Themen lieben sollten, ging es oft heiß her. Mama Marit war die geborene Diplomatin und keiner in der Familie lange nachtragend. Jeder kannte die starken und schwachen Seite des anderen, und alle wussten stets, was sie voneinander zu halten hatten. So sollte es auch bleiben, als die älteren Geschwister das Haus verließen, um einen Beruf zu lernen, und schließlich ganz wegzogen.

Selbst die Scheidung der Eltern im Jahr 1984 änderte nichts an diesem Verhältnis.

Die Erwachsenen verhielten sich verantwortungsvoll und waren bei Familienfesten – den Kindern zuliebe – stets alle beide anwesend. Die Scheidung nahm Mette-Marit aber sehr mit. Die meisten Eltern, die eine Scheidung hinter sich haben, wissen, wie schmerzhaft die Trennung für die Kinder ist. Mette-Marit blieb bei ihrer Mutter im Einfamilienhaus wohnen. Jedes zweites Wochenende und einen festen Tag in der Woche verbrachte sie mit Papa Sven O.

»Sie nahm es sich sehr zu Herzen, dass wir nicht mehr zusammenlebten. Die Scheidung hat ihr ganz bestimmt wehgetan. Aber mit ihren elf Jahren reagierte sie reifer, als man es von einem Mädchen dieses Alters erwarten konnte. Mette-Marit hat ihre Gefühle immer offen und freimütig gezeigt. Als ich dann mit einer anderen Frau zusammenlebte, reagierten ihre Geschwister sehr unterschiedlich. Mette-Marit dagegen stand meiner Partnerin offen gegenüber, und die beiden entwickelten ein gutes Verhältnis zueinander«, erinnert sich Sven O.

Nesthäkchen Mette-Marit hatte eine ausgeprägte Bindung zu ihrer Mutter, die für ein paar Jahre das Berufsleben aufgab, um bei ihrem Kind zu Hause zu sein.

Mette-Marit wusste, dass sie ihrer Mutter alles erzählen konnte, was auch immer passierte, und dass davon auch niemand etwas erfahren würde, wenn sie es so wollte. Die Tochter hatte nie viele Geheimnisse vor ihrer Mutter, und Marit hatte ein kluge Art, mit ihr zu reden. Selbst als das Leben ein paar Jahre später für Mette-Marit schwierig zu werden begann, konnte sie Zuflucht bei ihrer Mutter suchen. Mette-Marit hatte Achtung davor, wie die Mutter ihre Meinung sagte und wie sie manchem von dem, was die Tochter tat, mit gesunder Skepsis gegenüberstand. Als Rolf Berntsen in Marits Leben trat und die beiden heirateten, erlebte Mette-Marit das nicht als problematisch. Rolf dagegen war skeptisch gegenüber der Art, wie Marit die Tochter behandelte.

Er war der Meinung, Marit sei ihr gegenüber zu nachgiebig, aber Geduld zahlt sich oft aus. Als Mette-Marit später ihren Sohn Marius bekam und er lernte, die Familienmitglieder anzusprechen, war Sven O. für ihn »Mofar« (Mutters Vater) und Rolf Berntsen »Besse« (Opa).

Als Mette-Marit zur Schule ging, lebte König Olaf. Das Land hatte nur einen einzigen Fernsehka-

Die vierjährige Mette-Marit fuhr den Hang von Hovden hinunter und wurde von einem Rundfunkreporter interviewt. Im Hintergrund sieht man Espen, ihren ältesten Bruder.

nal, und das Königshaus genoss eine ungeheure Hochachtung. In Zeitschriften und Zeitungen konnte man idyllische Reportagen über die beiden Königskinder Märtha Louise und Haakon Magnus lesen. Man sah Fotos von den Kindern beim Spiel draußen an der frischen Luft, auf Großvaters Schoß und als gestelltes Gruppenbild mit den Eltern in hohen Räumen stehend oder auf alten Möbeln sitzend. Norwegische Schulkinder lernten in groben Zügen, dass König Haakon als Held gefeiert wurde, als er nach dem Krieg aus dem englischen Exil zurückkehrte, dass er 1957 starb und dass Olaf keine Königin hatte. Sie war gestorben. Die Schüler der Grundschule von Vågsbygd interessierten sich natürlich am meisten für die gleichaltrigen Königskinder.

Mette-Marit hatte eine etwas andere Haltung zum Königshaus.

Zu einer Anekdote, die ihr ein Leben lang folgen wird, wurde der Satz, den sie sagte, als sie in einer Schulstunde eine Collage aus Zeitschriftenbildern anfertigen musste: »Haakon Magnus ist kindisch.«

Verglichen mit dem, was die Königskinder an Reisen, neuen Menschen, Aufmerksamkeiten und Anregungen erlebten, mögen Kindheit und Jugend aller anderen profan, fast langweilig wirken.

Während die Königsfamilie am äußeren Rand des Alltags lebte, lebten die Høibys mittendrin, meint Roald Rosseland aus Kristiansand. Rosseland, der Sven O. über den Sport kennen lernte, ist seit den frühen sechziger Jahren mit der Familie befreundet. Er ist im sportlichen Leben Südnorwegens eine bekannte Persönlichkeit und besaß ebenso wie die Høibys eine Hütte im Wintersportort Hovden. Jedes Jahr veranstalteten beide Familie einen Skiwettlauf, vielleicht vergleichbar mit dem Aktivitätstag, der zu Ostern immer bei der Prinzenhütte im Sikkilsdalen stattfindet. Sven O. nahm es mit der Ausrüstung nie so genau und war keineswegs als Alpinist gekleidet. Aber den Berg hinunter musste er. Kurz vor dem Ziel stürzte er und verlor dabei sowohl Hose als auch Unterhose.

Er rappelte sich auf und passierte die Ziellinie praktisch im Adamskostüm.

Bei jedem Familientreffen kommt das Gespräch unweigerlich auf diese Episode, und nicht nur Roald Rosseland hätte sich gewünscht, dass damals schon die Videokamera erfunden worden wäre.

Per Høiby während eines Wettkampfes im Wintersportort Hovden. Jahrelang gehörte er zu den größten Talenten Südnorwegens und wurde von einem Skifabrikanten mit Slalomski gesponsert.

Er wurde einer der besten Freunde von Sven O. und hielt auch nach der Scheidung den Kontakt zu Marit aufrecht. Wieder waren es die Kinder, die sie verbanden. Roald Rosseland war für Espen, Per, Kristin und Mette-Marit wie ein Onkel.

»Ich kann mir eigentlich keine Familie in Kristiansand vorstellen – und darüber habe ich mit vielen gesprochen –, die besser als Haakons Schwiegerfamilie geeignet wäre. Die Høibys haben eine Dynamik und einen Wirklichkeitssinn, der unübertroffen ist. Jeder kann sich auf den andern verlassen«, sagt Rosseland.

Er ist Landwirt und Koch und traf den Thronerben in Kristiansand im Sommer letzten Jahres während der Konfirmation von Christian, Espen Høibys ältestem Sohn. Der Freund der Familie kochte das Festessen, und Haakon kam in die Küche und begrüßte ihn mit Handschlag.

»Wenn du nicht unser traditionelles Gericht Kalbsgelee mit Kapern und Klößen isst, darfst du auch nicht das schönste Mädchen von ganz Südnorwegen heiraten«, sagte Rosseland.

Haakon lachte schallend.

»Espen und Per habe ich als klasse Jungs in Erinnerung, mit ihnen gab es nie Probleme. Per war ein tüchtiger Slalomläufer und hätte schnell in der Jugend-Nationalmannschaft landen können. Aber hier in Südnorwegen haben wir nie richtig Schnee. Damals gab es auch noch kein Ski-Gymnasium, und das Ganze war noch nicht so richtig organisiert. Per hätte

An ihrem Konfirmationstag 1987 trug Mette-Marit die schöne Rogaland-Tracht. Das Foto zeigt sie vor der Kirche von Vågsbygd.

es weit bringen können, wenn er nicht aus dem Sørlandet gewesen wäre«, erzählt Rosseland, der von 1975 bis 1985 im Haukelifjellet ein Sommerskizentrum betrieb, wo die Brüder Gäste waren, die keiner schlagen konnte.

Per wurde von der Ausrüstungsfirma Rossignol gesponsert, die ihm jährlich drei Paar Ski zur Verfügung stellte. Er nahm gemeinsam mit Atle Skårdal und Jan Einar Thorsen an den Donald-Duck-Meisterschaften teil, der inoffiziellen norwegischen Meisterschaft für bestimmte Altersklassen.

»Die ältere Schwester Kristin lief sehr gern Ski, aber mehr zum Spaß. Sie wurde sehr früh Mutter, und ich zog sie damit freundschaftlich auf. Sie zahlte es mir mit gleicher Münze heim. Keiner in der Familie Høiby ist auf den Mund gefallen. Während Sven O. für Sport und Spiel an der frischen Luft zuständig war, sorgte Marit dafür, dass die Bande etwas Leckeres zu essen bekam, wenn sie zur Hütte zurückkehrte. Marit war, so wie ich es sehe, die perfekte Gluckenmutter. Sie war ein Prachtexemplar von einer Mutter. Sie behielt den Überblick und schmiss den ganzen Haushalt«, erzählt Rosseland.

Mette-Marit als Mittelpunkt der Konfirmanden in der Kirche von Vågsbygd.

Oben: Ein fotogenes Mädchen in Pastell, der Modefarbe der 80er Jahre.

Unten: Wie die meisten Teenies folgte auch Mette-Marit den Trends der Zeit. Später interessierte sie sich weniger für Mode.

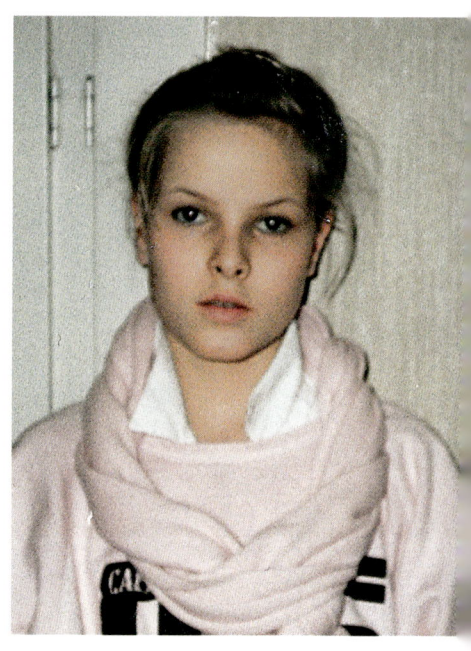

Links: Ein nachdenklicher Teenager in einem Hotelbett nach einem langen Tag auf den Slalomhängen von Geilo.

Er erinnert sich gut an die Geburt des Nachkömmlings.

»Es war ein großes Ereignis für die ganze Familie. Aber Mette-Marit wurde furchtbar verzogen, so wie Sven O. seinerzeit. Er war auch so ein ›letzter Rest vom Schützenfest‹, und darum sind sich die beiden wohl auch so ähnlich. Mette-Marit und Sven O. haben in vielerlei Beziehung dieselbe Einstellung zum Leben. Sie sind sich in vielem gleich. Vater und Tochter sind selbstbewusst und waren sich früh darüber im Klaren, dass sie ihren Weg machen würden«, meint Roald Rosseland.

Mette Marit Høiby

Durch die Realschule surfte Mette-Marit mit Zensuren, die etwas über dem Mittelmaß lagen. Die Lehrer lobten ihren schriftlichen Ausdruck. Auch mündlich beteiligte sie sich, diskutierte aber gern allgemeine gesellschaftliche Fragen, die nicht in den Lehrbüchern standen. Die Schule wurde zu einem notwendigen Zeitvertreib. Statt jeden Nachmittag zu büffeln, entdeckte sie, dass sie jung war. Sie war ein Teenager, eine Jugendliche! Im Bürgerhaus von Slettheia gab es einen Jugendclub, wo die Mitglieder Billard oder Tischtennis spielen und tanzen konnten. Mette-Marit war hier so aktiv, dass sie bald zum Jugendleiter gewählt wurde. Jeden Freitag veranstal-

Eine kurzhaarige Mette-Marit in der Kathedralschule von Kristiansand, Katta genannt. Klassenbild der 3H von 1994.

Heiligabend 1990 zu Hause bei Mama – Mette-Marit, Marit, Kristin und Espen

teten die jungen Leute eine Disco. Sie produzierten Rundfunkprogramme, die der Lokalsender von Kristiansand großzügig ausstrahlte. Und viele Eltern meinten deshalb, sie wüssten alles über ihre Kinder. Aber frisch gebackene Teenager sind wie die meisten Blumen, sie folgen dem Lauf der Sonne, und neue Interessen keimen und wachsen.

Mette-Marit hatte angefangen, sich für Jungen zu interessieren, und wurde oft zum Tanzen aufgefordert.

Im Freizeitclub war der letzte Tanz am Freitagabend immer der Höhepunkt. Die Mädchen hörten die Hitparade im Radio, begeisterten sich für gute Popmusik, besonders Wham! hatte es ihnen angetan. Und natürlich Michael Jackson. Aber auch ein Hardrocker wie Alice Cooper war eine Zeit lang angesagt.

Mette-Marit war aber nicht nur im Freizeitclub aktiv, sie spielte außerdem noch Volleyball. Da sie groß war, wurde sie meistens am Netz eingesetzt. Sogar Schiedsrichterkurse besuchte sie. Eine Zeitlang spielte sie Handball, gab das aber bald wieder auf. Sven O. wollte sie mit zum Segeln nehmen, doch ein Segeltörn dauerte zu lange, dabei gab es zu wenig Action.

In dieser Zeit wohnten Mette-Marit und ihre Mutter allein. Rolf Berntsen war noch nicht aufgetaucht. In den letzten Jahre haben Marit und Rolf auf Høivold Brygge gewohnt, einer der feinsten Adressen der Stadt. Høivold ist Kristiansands Antwort auf Aker Brygge, den Nobel-Einkaufs-, Wohn- und Erlebniskomplex von Oslo. Die allerersten Fernsehbilder von Haakon und Mette-Marit sind beim Quart-Festival 2000 vor dieser Wohnung aufgenommen worden.

Marit Tjessem hatte für ihre Tochter Verständnis. Sie wusste, wie es war, junges Mädchen in einer Familie mit mehr Kindern zu sein als allgemein üblich. Sie war in Sola bei Stavanger in einer maskulinen Umgebung als jüngstes von fünf Mädchen aufgewachsen. Marits Elternhaus ist das Haus, das der Militärgarnison am nächsten liegt. Sie war die Tochter eines Molkereiverwalters, ihre Mutter war Hausfrau.

Marit Tjessem arbeitete anfangs in einer Buchhandlung in Stavanger. Kurze Zeit später bekam sie eine Anstellung in der Hauptgeschäftsstelle von Braathens SAFE auf dem Flugplatz von Sola. Mit zwanzig lernte sie den hochgewachsenen und charmanten Sven O. Høiby aus Kristiansand kennen, und schon ein gutes Jahr später heirateten die beiden. Nachdem sie nach Kristiansand umgezogen waren, bekam Marit einen Job in einem neu eröffneten Reisebüro. Später wurde sie bei der *Kreditkassen* angestellt, und dort arbeitet sie auch heute noch.

Marit hat immer gern gestickt, und nachdem sie vor ein paar Jahren einen Abendkurs besucht hat, ist sie eine begeisterte Porzellanmalerin. Sie hält sich viel in der freien Natur auf, wandert die Berge hinauf und hinunter, auf Wander- und auf Waldwegen. Aber für Sport interessiert sie sich überhaupt nicht und sieht sich im Fernsehen auch nur selten große Meisterschaften an.

Marit engagiert sich sehr im Kunstverein von Kristiansand, wo sie auch viele ihrer Freundinnen trifft. Sie hat einen großen Freundinnenkreis, der seit mehr als dreißig Jahren zusammenhält. Manchmal unternehmen sie gemeinsam Auslandsreisen, am liebsten nach England. Marit ist schon oft dort gewesen, da eine ihrer Schwestern mit einem Engländer verheiratet ist. Das Einzige, was diese aktive Frau aufhält, ist ein schlimmer Rücken, der ihr seit Jahren zu schaffen macht. Sie hat viele Ärzte konsultiert, aber keiner konnte ihr helfen. Auch ein Spezialist in England, der ihr empfohlen wurde, konnte ihr die Gesundheit nicht wiedergeben.

Ihr neuer Ehemann Rolf Berntsen hatte wesentlich ernstere Probleme. Sein Herz vergrößerte sich, und die Herzmuskeln wurde immer schwächer. 1991 wurde der damals 59-jährige Berntsen von Kristiansand ins Osloer Rikshospital geflogen, wo ihm ein neues Herz transplantiert werden sollte. Die Lage war so kritisch, dass das Herz während der Narkose stillstand. Nach einer vierstündigen Operation erwachte er zu einem neuen Leben.

»Eigentlich weiß ich nicht recht, wie alt ich bin. Mein Herz ist jünger als 40 Jahre«, sagte der dankbare Berntsen ein paar Tage später zu dem Journalisten von *Fædrelandsvennen*.

Nachdem Marit und Sven O. geheiratet hatten, bekamen sie knapp ein Jahr später einen Sohn, der Espen Bjarte getauft wurde. Bjarte ist auch einer von Sven O.s Namen. Heute ist Espen mit Hege verheiratet, und die beiden haben drei Kinder: Christian, Ina und Tuva. Die Familie wohnt in einer Villa auf der Insel Andøya, die

Mette-Marit in Nationaltracht und Kronprinz Haakon auf dem Weg zur Konfirmation des Neffen Christian auf der vor Kristiansand gelegenen Insel Andøya. Das Fest endete mit einer Tragödie.

ein paar Kilometer vor Kristiansand liegt. Sie hat ein Wochenendgrundstück mit einem langen Stück Strand in Sodefjed bei Lillesand – und natürlich eine Hütte im Wintersportort Hovden.

Das Geld dafür hat Espen selbst verdient, denn er wusste schon früh, was er werden wollte.

»Good afternoon, ladies and gentlemen. This is your captain Høiby speaking. We are now …«

So begann ein Aufsatz, den Espen auf der Grund- und Realschule von Møvig schrieb. Darin sollten die Kinder erzählen, was sie einmal werden wollten. Espen wollte Pilot werden. Der ganze Aufsatz handelte nur von Espen, dem Flugkapitän, und seinen Flügen über den Atlantik. Das sollte in Erfüllung gehen, auch wenn der Weg dahin nicht einfach war. Nachdem er das Gymnasium von Oddernes beendet hatte, bewarb er sich hochmotiviert an der Fliegerschule. Die Bewerber mussten verschiedene Tests durchlaufen. Danach stand die Schulleitung vor einem Problem: 13 Kandidaten hatten die Tests bestanden, aber es waren nur 12 Plätze vorhanden.

Espen erhielt eine Absage und nahm sich das sehr zu Herzen.

Trotz der Enttäuschung suchte er nun nach alternativen Fliegerausbildungen im Ausland, und diesmal hatte er Glück: Er wurde im South Carolina Institute of Aviation in den USA aufgenommen. In dem Land, wo das meiste möglich ist, ging der Jungentraum in Erfüllung, und nach abgeschlossener Ausbildung arbeitete er als Instrukteur an der Schule. Ein Jahr später zog es ihn in den Westen, er siedelte nach

Fort Worth in Texas über. Während der vier Jahre, die er in den USA verbrachte, war er nur einmal zu Hause in Kristiansand, und keiner aus der Familie besuchte ihn dort drüben. Sein Amerikaaufenthalt ging zu Ende, als er in der heute nicht mehr existierenden Fluggesellschaft Norwing einen Job erhielt. Später besuchte er die SAS-Fliegerschule und durfte danach auch in Norwegen fliegen. Nach ein paar Jahren als SAS-Pilot pendelt er nun zwischen Kristiansand und Stockholm, wo er bei der Fluggesellschaft SAS Chefinstrukteur für die Ausbildung auf DC9-Maschinen ist.

Espen Høiby verschrieb sich schon früh dem Sport. Er ist ein sehr gewandter Segler, fing aber in der Optimistjolle an. Gemeinsam mit seinem jüngeren Bruder segelte er später bei nordischen Meisterschaften in der Flipperjolle. Er lief Slalom und spielte während mehrerer Spielzeiten Handball bei AK28. Der Junge hatte einen scharfen Schuss, war aber der Meinung, dass er es in dieser Sportart nicht weit bringen würde, und konzentrierte sich stattdessen auf seine Ausbildung. Espen ist auch heute noch in Topform. Er betreibt Skilanglauf und hat unter anderem am Skarver-Lauf teilgenommen. Im Sommer spielt er Golf und Tennis, am liebsten mit Bruder Per als Partner. Da liefern sich die beiden harte Duelle. Keiner will verlieren.

Espen wird als natürliche Autorität beschrieben. Er ist zielstrebig, ausdauernd, systematisch und hat in der Regel die Situation voll unter Kontrolle. Seine Frau Hege betrieb in den neunziger Jahren ein Geschäft, verkaufte es jedoch, um mehr Zeit für die Kinder zu haben.

Als der Kronprinz in die Familie kam, fanden die beiden sofort einen kameradschaftlichen Ton. Als hätten sie sich schon das ganze Leben lang gekannt. Der Kronprinz war natürlich eingeladen, als Christian, Espens Ältester, im Sommer 2000 konfirmiert wurde. Wegen Mette-Marits inzwischen allgemein bekannter Flugangst entschloss sich das Paar, die 30 Meilen von Oslo bis Kristiansand im Auto zurückzulegen. Mette-Marit hatte eine Sahnetorte mit Erdbeeren gebacken. Bei herrlichem Augustwetter war alles für ein gemütliches Familienfest vorbereitet. Die Gäste saßen um den Tisch herum und hatten gerade angefangen zu essen, als das Fest ein jähes und dramatisches Ende fand.

Das Telefon klingelte.

Espen erfuhr, dass einer seiner Nachbarn und Freunde auf See vermisst wurde. Die Tochter des Vermissten war ebenfalls mit der Høiby-Familie befreundet und half an diesem Sonntag beim Servieren. Alle bekamen einen Schock. Der Kronprinz zog sofort den Maßanzug aus und lieh sich einen Jogginganzug. Zusammen mit Espen und Per verließ er schnell die Gesellschaft. Die Männer sprangen in eines der Autos vorm Haus und fuhren zu der Stelle, von wo die Suchaktion geleitet wurde. Sie meldeten sich als freiwillige Helfer, konnten aber nichts mehr tun.

Der Freund und Arzt der Familie, Ole Gunnar Stokke, wurde ein paar Stunden später in 27 Metern Tiefe von Tauchern der Feuerwehr nur noch tot geborgen. Als die Männer zur Konfirmationsgesellschaft zurückkehrten, spielten die Kinder draußen im Garten. Drinnen im Haus saßen die Erwachsenen, vereint in Schock und Trauer. Sie versuchten, so gut sie konnten, sich gegenseitig zu trösten.

Die Konfirmationsfeier, die ein unvergessliches Fest hatte werden sollen, endete in einer furchtbaren Tragödie.

Trotz Espens energischem und entschlossenem Auftreten gibt es einen Mann, der sich seinen Befehlen widersetzt, und das ist sein jüngerer Bruder Per. Einmal nahmen die Brüder in der Flipperjolle an einer norwegischen Meisterschaft teil und galten bereits im Voraus als die großen Favoriten. Das Finale begann gut. Sie setzten sich sofort an die Spitze und führten klar. Die Goldmedaille war in greifbarer Nähe.

Plötzlich sahen die Zuschauer, dass das Boot vollkommen reglos dalag. Die Konkurrenten holten in voller Fahrt auf und zogen an den Favoriten vorbei. Schließlich bekam die Jolle aus Kristiansand wieder Wind in die Segel, überquerte aber erst lange nach dem Sieger die Ziellinie. Alle fragten sich, was geschehen sei, aber nur wenige bekamen die Antwort zu hören. Die Brüder hatten sich mitten auf dem Fjord, unterwegs zum NM-Gold, geprügelt. Zwischen ihnen war es wegen der Arbeitsaufgaben zum Streit gekommen, oder genauer gesagt: Per hatte sich geweigert, Befehle des Bruders zu befolgen, der sowohl älter als auch erfahrener war.

Mette-Marits großer Bruder Per Høiby war früher König Haralds Adjutant. Heute ist der König der Schwiegervater seiner kleinen Schwester.

Heute ist es Per, der Befehle gibt. Er ist Fregattenkapitän und Chef des Presse- und Informationszentrums beim Oberkommando der Streitkräfte in Oslo. Er ist mit der vier Jahre jüngeren Wenke Lindal Høiby verheiratet, die als Krankenschwester im Krankenhaus von Aker arbeitet. Das Paar hat zwei Kinder: Julie und Joakim.

Per ist nicht mehr so hitzköpfig wie damals bei der Segelmeisterschaft. Er wird als ein sehr umgänglicher Mann beschrieben, den man sympathisch finden muss.

Er brauchte etwas länger als der Bruder, um beruflich seinen Weg zu machen. Nachdem er als Einziger der Familie am Handelsgymnasium von Kristiansand das Abitur gemacht hatte, ging er nach Bergen, auf die Seekriegsschule bei Haakons-vern. Diese Entscheidung mag durch einem früheren Nachbarn beeinflusst worden sein, der mit Wärme von der Marine sprach. Per entschied sich für den Ausbildungs-zweig Logistik. Nach dem Studium in der regenreichen Stadt Bergen landete er für drei Jahre im kalten Nordnor-wegen, wo er sich nach Kristiansand zurücksehnte und sich schließlich fürs Pendeln entschied. Die Brüder Høiby legten zusammen und nahmen sich eine gemeinsame Wohnung im Zentrum. Das Erste, was sie kauften, war ein Wasserbett. Aber wie beim NM-Finale im Segeln tauchten auch hier bald Klippen auf, die umschifft werden mussten. Ein paar Monate nach dem Einzug in die gemeinsame Wohnung heirateten die Brüder, und beide Frauen wurden schwanger. Per und Wenke zogen nach Oslo. Er arbeitete beim Oberkommando der Streitkräfte und besuchte schließlich die Zweite Abteilung der Stabsschule, eine Aus-bildung, die man braucht, wenn man in der Hierarchie ganz nach oben, vielleicht sogar Admiral werden will. Aber die Marine hatte andere Pläne mit Per Høiby.

Mette-Marits Schwester Kristin Høiby Bjørnøy und ihr Ehemann Per Olav Bjørnøy.

1995 wurde er zum Chef der Marine befohlen. Per Høiby putzte sorgfältig seine Schuhe, grüßte korrekt und erfuhr, weshalb er gerufen worden war. Der 33-Jährige aus Südnorwegen war für den Dienst als Adjutant von König Harald vorgeschlagen! Die-ser Posten ist sehr begehrt, aber kein Job, um den man sich bewerben kann. Der Kan-didat wird gleichsam handverlesen. Die Wahl war auf Per Høiby gefallen. Doch ehe der Jubel losbrechen konnte, stand noch das eigentliche Bewerbungsgespräch bevor.

Und das mit dem Chef selbst.

Nicht mit dem Chef der Marine, sondern dem König.

Die Begegnung wurde zu einem vollen Erfolg. König Harald fand einen Draht zu dem sympathischen Südnorweger, der schon bald im Schloss das Büro neben dem des Königs bezog. Per Høiby arbeitete sich schnell in sein neues Amt ein, und in privaten Gesprächen lobte er den König oft und gern. Mit Königin Sonja kam er gut zurecht. Auch der Kontakt zu Märtha und Haakon war unproblematisch. Aber in seinen Träumen hätte er sich nie vorstellen können, dass er ein paar Jahre später zur Hochzeit seiner kleinen Schwester ins Schloss zurückkehren würde. Per und Mette-Marit, die sich oft besuchen, verbindet ein enges Bruder-Schwester-Verhältnis.

Die Arbeitsaufgaben im Schloss bestanden vor allem darin, die Verpflichtungen König Haralds zu koordinieren. Per plante alles für den König, von der Einweihung eines Straßenabschnitts in Vestlandet bis zum Besuch beim Kaiserpaar in Japan. Ungezählte Male hat er das Königspaar während seiner dreijährigen Adjutantenzeit bei Repräsentationsverpflichtungen im Inland und Ausland begleitet. Am meisten war Per Høiby von dem zehntägigen Aufenthalt in China beeindruckt, wo das Königspaar viele historische Stätten besuchte, unter anderem auch die Chinesische Mauer. Nach der Reise ins Land der Mitte erschien in einer norwegischen Garnisonszeitung ein längerer Artikel über den Adjutanten des Königs. Darin wird die Frage gestellt: »Wer ist dieser Mann, der auf den chinesischen Hochebenen Volkstanz tanzt?«

Marit und Sven O. wünschten sich nach den beiden Jungen ein Mädchen. Kristin kam im Sommer 1964 in dem inzwischen aufgelösten St.-Josefs-Hospital zur Welt und wurde hineingeboren in eine Familie, die gern Tore schoss und sich für den Wintersport begeisterte. Kristin lief Ski und spielte bei AK28 Handball, gab aber schon in der Juniorenklasse auf. Sie war schon damals ein schönes Mädchen, und schön ist sie heute noch. Ihren ersten Freund stellte sie bereits als Teenager zu Hause im Løvsangervei vor, und ihre großen Brüder rümpften die Nase. Kristin pfiff im Großen und Ganzen auf Schule und Schularbeiten und gab schon nach der Realschule auf. Marit und Sven O. waren bei weitem nicht mit diesem Entschluss einverstanden und versuchten die Tochter zu überreden, das Gymnasium zu besuchen. Aber Kristin ist nicht umsonst eine echte Høiby: Sie war schon damals sehr selbständig und willensstark und ließ nicht mit sich reden. Gerade 16 Jahre alt, versuchte sie sich in verschiedenen Gelegenheitsjobs. Mama Marit verhalf ihr zu einer Arbeit bei der *Kreditkassen*, aber dann wurde Kristin schwanger. Mit 18 Jahren brachte sie Stine zu Welt, doch da war die Liebe zum Vater ihres Kinder schon längst vorbei.

Sie war immer noch ein junges Mädchen und schon allein erziehende Mutter. Ihre beiden Brüder dagegen waren auf dem Weg zu großen Karrieren.

Ein paar Jahre später lernte Kristin den fünf Jahre älteren Per Olav Bjørnøy kennen. Er war ein guter Bekannter von Stines biologischem Vater und hatte selbst eine Tochter aus einer früheren Beziehung. Die beiden verliebten sich ineinander und heirateten. Nach der Geburt ihrer beiden Töchter Camilla und Anniken kauften sie sich ein Zweifamilienhaus in der Nähe des Fußballstadions der Stadt, nur ein paar Minuten von Marit Tjessem entfernt. Als die kleine Stine Mitte der achtziger Jahre in den Kindergarten ging, fing Kristin wieder an zu arbeiten. Ihr Berufsleben sollte aber nicht lange dauern. Denn eines Tages verlor sie auf glatter Straße die Kontrolle über das Auto und fuhr gegen einen Lichtmast. Kristin trug ein Schleudertrauma

davon, unter dem sie fast täglich zu leiden hat. Es fällt ihr schwer, sich länger als zwanzig Minuten zu konzentrieren, und wie die Mutter mit ihren Rückenschmerzen hat auch Kristin viele Ärzte aufgesucht, ohne dass es ihr seitdem wesentlich besser geht. In den letzten Jahren hat sie ein wenig in der Lobbybar vom Agder Teater gearbeitet, wenn dort eine Vorstellung stattfindet, und ihr Interesse fürs Theater ist echt. Stine spielte eifrig im Kindertheater der Stadt mit, und Mama Kristin gehört noch heute zum Elternausschuss, der sich um den Erhalt des Kindertheaters bemüht. Die Eltern versuchen Sponsoren zu finden, nähen Kostüme und malen Kulissen.

Auch wenn Kristin schon sehr früh Mutter wurde, hatte sie doch schon Erfahrung im Umgang mit einem Kleinkind. Sie war für die neun Jahre jüngere Schwes-

Sven O. zeigt in seiner Zweizimmerwohnung in Vågsbygd voller Stolz die gerahmten Zeitungsausschnitte mit seiner Tochter und dem Kronprinzen.

ter eine Art »Ersatzmutter« gewesen. Wenn Mette-Marit etwas erlebte, was sie bedrückte, konnte sie mit Kristin darüber sprechen und bei ihr Trost suchen. Trotz des Altersunterschiedes ist jede Schwester zugleich die beste Freundin der anderen.

Die Schwestern haben viele Eigenschaften von ihrem Vater Sven O. geerbt, während Espen und Per in vielerlei Beziehung nach ihrer Mutter kommen. Die Söhne sind verantwortungsbewusst, zielstrebig und arbeitsam – zwei Männer, auf die Verlass ist und mit denen es nie Probleme gab. Bei beiden hat das Familienleben Vorrang vor einem lockeren Nachtleben, die Arbeit hat Priorität gegenüber den Hobbys. Ebenso wie für Mama Marit war für Espen und Per ein geborgenes und sicheres Dasein wichtiger als Partys, Jubel, Trubel, Heiterkeit.

Kristin und Mette-Marit haben dagegen viel vom Vater. Die Mädchen reden frisch von der Leber weg, sind impulsiv und tun nicht immer das, was man von ihnen erwartet. Man weiß nie, was sie im Schilde führen, und sie besitzen eine starke Persönlichkeit. Dass am nächsten Tag Schule oder Job warteten, hielt sie nicht davon ab, ein Glas Wein oder auch zwei in einer Bar zu trinken. Während die Brüder selten in Restaurants gehen, sind die Schwestern ausgesprochene Nachtschwärmer.

Der Mann, der den Kindern Werte vermittelt hat, erhält heute Sozialhilfe und wohnt in einer kleinen Zweizimmerwohnung im Zentrum von Vågsbygd. In Kristiansand ist Sven Olaf Bjarte Høiby stadtbekannt. Lange bevor er als Mette-Marits Vater im ganzen Land bekannt wurde, grüßte er sich schon mit der halben Stadt.

Sven O. wuchs auf dem Artilleriewall auf, und beide Eltern waren in der Armee – nicht der, die Krieg führt, sondern in der Heilsarmee. Sein Vater Bjarne Høiby, der aus dem Regierungsbezirk Trøndelag stammte, war in Kristiansand stationiert und lernte hier im christlichen Umfeld Ingrid Tvedt kennen. Die beiden wollten heiraten, aber damals wie heute verlangt die Heilsarmee, dass ein Offizier nur eine Partnerin im Offiziersrang heiraten darf. Bjarne entschied sich für die Liebe. Er gab seinen Leutnantstitel zurück und begann als technischer Kontrolleur bei *Kristiansand Mekaniske Verksted*. Er musste überprüfen, ob alle Schiffsnieten ordnungsgemäß saßen. Die Eltern widmeten auch weiter all ihre Freizeit der Heilsarmee, gaben aber früh die Hoffnung auf, Sven O. zu bekehren. Der Junge war zu eigensinnig.

Als das Kind größer war, suchte sich die Mutter Arbeit hinter dem Ladentisch der Genossenschaftsfleischerei Agder. Der Junge wurde ein wenig verzogen, vor allem von den älteren Schwestern Åshild und Bjarnhild, die auch heute noch auf den eigensinnigen Bruder »aufpassen«.

Der Zweite Weltkrieg tobte noch, als Sven O. im Herbst 1944 in die Schule kam. Sie lag in der Vestre Strandgata und wurde »Tippe-Schule« genannt, ohne dass sich jemand genau erinnert, warum sie so hieß. Heute befindet sich dort der Busbahnhof.

Sven O. verließ die Schule mit brauchbaren Zensuren. Nach diversen Gelegenheitsjobs entschied er sich dafür, seinen Wehrdienst abzuleisten. Während dieser Zeit lernte er Marit kennen. Sie war doch das Mädchen aus dem Haus, das am dichtesten an der Garnison Sola stand, und durch Zufall landeten die beiden in dem Bus, der zwischen Sola und Stavanger verkehrte, nebeneinander. Sie hatte einen Stenografiekurs besucht, und er hatte mit den Kameraden Ausgang gehabt. Nach der 20-minütigen Busfahrt verabredeten die beiden ein Wiedersehen. Schon ein paar Tage später lud ihn Marit zu einem Fest bei ein paar Freunden ein. Von da an waren sie ein Paar.

Damals waren die Verhältnisse für das Liebespaar sehr bescheiden. Sven O. erhielt als Lehrling bei der jetzt nicht mehr bestehenden Lokalzeitung *Christianssands Tidende* nur 250 Kronen (32 Euro) im Monat. Er und Marit wohnten in der Wohnung von Sven O.s älterem Bruder, der im Ausland arbeitete.

Der Rock 'n' Roll hatte seinen Einzug in Norwegen gehalten, und die jungen Leute wurden sich ihrer Jugend bewusst. Es war die Generation, die sich von den Auffas-

Klein-Marius in Großvater Sven O.s sicherem Arm auf Espen Høibys idyllischem Wochenendgrundstück Sodefjed, ein paar Kilometer vor Kristiansand.

sungen der Eltern und der Welt der Erwachsenen loszureißen begann. Südnorwegen hat seit dem letzten Jahrhundert eine enge Verbindung zum Ausland. Vor dem Ersten Weltkrieg wanderten viele aus den Regierungsbezirken Agder und Rogaland nach Amerika aus. Und in den Küstenstädten erhielten viele Seeleute ihre Ausbildung, von ihren Reisen brachten sie dann Rockplatten, amerikanischen Kaugummi und die damals so exotischen Nylonstrümpfe mit. Seit den letzten Jahren besteht ein lebhafter Fährverkehr zwischen den Küstenstädten und dem Kontinent.

Sven O. trieb in seiner Freizeit lieber Sport, statt mit Gleichaltrigen an der Ecke herumzustehen. In der Leichtathletik versuchte er sich als Läufer auf allen Strecken, von 200 Metern bis zum Marathon. Segeln, Abfahrtslauf, Fußball, Langlauf, Skispringen, Handball, Federball, Tennis, Golf, Rudern und Bowling interessierten ihn ebenfalls. In all diesen Disziplinen räumte er Preise ab.

Sven O. und die Sängerin Jorunn Wold in St. Hanshaugen in Oslo. Die beiden leben jetzt zusammen in seiner Zweizimmerwohnung in Vågsbygd.

Mitte der fünfziger Jahre gehörte Sven O. zu den vielversprechendsten Mittelstreckenläufern Norwegens. Er gewann bei der Landes-Junioren-meisterschaft zwei Bronzemedaillen und mindestens 15 Meisterschaften des Regierungsbezirks Sørlandet über verschiedene Distanzen. Der 193 Zentimeter große Athlet hatte den »längsten Schritt des Sørlandets«, und der legendäre Audun Boysen (800 m in 1:45,9, Silber bei der Olympiade 1955 in Oslo) war eine Zeit lang sein Trainer. Sven O. sollte sein Tempo auf einem weit wichtigeren Feld des Lebens brauchen: Kurz vor Weihnachten 1958 stellte Marit fest, dass sie schwanger war.

Das junge Paar heiratete Hals über Kopf in der Pfarrkirche von Sola.

Heute hebt kaum jemand die Augenbrauen, wenn ein Paar, das zusammenlebt, vor der Eheschließung ein Kind bekommt. So war es aber nicht 1958 und schon gar nicht in Südnorwegen.

Im August 1959 meldete Espen seine Ankunft an, aber sein Vater war bei der Geburt nicht da. Der kämpfte in Hamar bei den norwegischen Meisterschaften der Leichtathletik auf der 800-Meter-Strecke um den Sieg.

»Ich kann mich erinnern, dass ich Fünfter wurde, aber was mir vor allem in Erinnerung geblieben ist, war, dass der Zug große Verspätung hatte und ich nicht rechtzeitig zur Entbindung kam. Nein, nein, ich kann nicht nur der norwegischen Eisenbahn die Schuld geben. Damals waren die Hebammen streng, und die Väter wurden fast immer schon an der Tür abgefangen«, sagt Sven O.

Die Tage nach der Entbindung waren ebenfalls ereignisreich. Als Lehrling der Lokalzeitung wurde er damit beauftragt, den amerikanischen Journalisten behilflich zu sein, die nach Südnorwegen strömten, um über das größte Aschenputtelmärchen jener Tage zu berichten. Steven Rockefeller, Sohn des Gouverneurs von New York und Multimilliardärs Nelson Rockefeller, hatte sich in die norwegische Haushilfe der Familie verliebt. Und nun wollte er die schöne Anne Marie Rasmussen am 22. August, fünf Tage nach Espens Geburt, in der Kirche von Søgne, nicht weit von Kristiansand entfernt, heiraten. In Norwegen ist es Brauch, dass die Brauteltern das Hochzeitsfest ausrichten. Die Familie Rasmussen war bei weitem nicht so bemittelt wie die Rockefellers. Um das Fest finanzieren zu können, musste Papa Kristian Rasmussen eine kleine Insel bei Burøya verkaufen. Und Sven O. Høiby von *Christianssands Tidende* war bei diesem Ereignis dabei, ohne zu ahnen, dass er später eine Tochter bekommen sollte, die in Südnorwegen ebenso viel Aufsehen und Anteilnahme hervorrufen würde wie Steven Rockefeller und Anne Marie Rasmussen.

Dann stand der kleinen Familie eine Trennung bevor.

Sven O. wurde in die Journalistenakademie in Oslo aufgenommen und zog in ein kleines Zimmer in »Korens Pensionat« im Stadtteil Majorstua. Marit zog mit ihrem Sohn zu ihren Eltern nach Sola. Und Sven O. kam zwar oft auf Besuch nach Rogaland, sah aber seine Familie in diesen Jahren nur an den Wochenenden und in den Ferien. Auf der Journalistenakademie studierte er unter anderem zusammen mit Frank Dehli, dem früheren Mitarbeiter beim Norwegischen Rundfunk und Fernsehen (NRK), und dem langjährigem Filmrezensenten von *Dagbladet,* Thor Ellingsen. Im letzten Studienjahr jobbte er bei der *Morgenpost,* wo sein direkter Vorgesetzter die NRK-Legende Jahn Otto Johansen war. Nach zwei Osloer Jahren kehrte er zu seiner Familie zurück. Die Høibys zogen in eine Plattenbauwohnung in Kristiansand, und Sven O. wurde in der Nachtredaktion seiner ehemaligen Zeitung Chef vom Dienst. Der Arbeitstag begann um fünf Uhr nachmittags und war selten vor drei Uhr nachts zu Ende.

»Das Gehalt war immer noch miserabel. Und um das Familienbudget aufzubessern, suchte ich mir einen Nebenjob. Der Redakteur bekam das mit und drohte

Sven O. Høiby kommt mit dem kleinen Marius im Arm in den Ullevålsveien 7.

59

mit Entlassung. Da kündigte ich noch am selben Tag«, erzählt er. Auch wenn das Geld nicht mehr wurde, so wuchs doch die Kinderschar. Per wurde 1962 geboren, und Kristin kam zwei Jahre später zur Welt.

Mitte der 60er-Jahre hatten Sven O. und sein Freund, der Zeichner Arvid Bergstøl, eines Tages eine Idee. Sie wollten ein Reklamebüro eröffnen, eine Tätigkeit, die es zu jener Zeit in Südnorwegen fast nicht gab. Die Wirtschaft hielt Reklame für eine unnötige Ausgabe. Sven O. schrieb die Texte der Annoncen, Arvid zeichnete, und die beiden hatten Erfolg. In kurzer Zeit entwickelten sie sich zur größten Agentur in Sørlandet mit 15 Angestellten. Zehn Jahre später waren Sven O. und sein Partner der Meinung, dass es nun reichte. Sie trennten sich mit Handschlag und als gute Freunde. Sven O. Høiby machte allein weiter und eröffnete eine Kombination von PR-Büro und Verlag. Er gab eine Reihe von unterschiedlichen Publikationen heraus, von *KOBB-nytt*, einer landesweiten Annoncenzeitung für den Kauf und Verkauf von Immobilien, und einem Nachschlagewerk über Betriebssport bis zu Witzbüchern und Unterhaltungskassetten mit dem Kristiansander Original »Kjutta«.
Viele Produkte gingen weg wie warme Semmeln oder wie die ersten Makrelen des Jahres an der Kaikante. Mehrere Ausgaben erschienen in einer Auflage von mehr als 100 000 Exemplaren. Als der Handwerkerverband Norwegens eine zweibändige Jubiläumspublikation herausgeben wollte, ging der prestigeträchtige und sehr gewinnbringende Auftrag an Sven O. Høiby.
»Auf diese Bücher bin ich sehr stolz. Der Einband war aus echtem Kalbsleder. Hunderte von spanischen Kälbern mussten ihr Leben lassen, damit wir Leder für den Einband bekamen. Die 12 000er-Auflage verschwand wie Schnee an der Sonne«, sagte Sven O. Sie brachte ihm einen sechsstelligen Betrag ein.
Das Geld sollte er dringend brauchen. Nachdem er 1984 geschieden worden war, lebte er sieben Jahre lang mit einer anderen Frau zusammen. Als die Beziehung zu Ende ging, packte er den Koffer und reiste wieder in Richtung Oslo. Er hatte während der Yuppiezeit mit ein paar gelungenen Projekten schnell Geld verdient und wollte natürlich auf Aker Brygge wohnen. 1991 waren ein paar der reichsten Menschen Norwegens seine Nachbarn. Die Miete betrug 13 000 Kronen (1700 Euro) monatlich, ein ungeheuer hoher Betrag, der Sven O. aber keine Kopfschmerzen bereitete. Er bezahlte die Miete gleich für drei Jahre im Voraus.
»Ich genoss das Leben in vollen Zügen. Bevor ich nach Aker Brygge zog, bin ich kaum in einem Pub gewesen. Ich mochte nicht einmal Bier«, gesteht er.
Kurze Zeit später gehörte Høiby zu den Gästen mit Stammtisch im traditionsreichen Theatercafé. Drei Jahre lang wurde ihm hier Punkt 12 Uhr tagtäglich dasselbe serviert: Ein Pils, ein Butterbrot mit Garnelen und eine Tasse Kaffee.

Er lebte das Leben eines Junggesellen und holte nach, was er während der vielen Jahre als Ehemann und Vater von vier Kindern versäumt hatte. Sven O. gab während dieser Zeit Bücher heraus, verkaufte Ideen und verdiente Millionen von Kronen. Unter anderem hatte er die Idee für drei Sexbücher, die in hohen Auflagen über den Postversand verkauft werden sollten. In dem ersten geht es um den Mann, das andere handelt von der Frau, und im dritten steht das Paar im Mittelpunkt. Viele Geschäftsleute waren von der Idee begeistert, und Sven O. verkaufte das Projekt für viele hunderttausend Kronen. Wieder einmal strich er mit dem Verkauf eines Einfalls, der ihm nach einem halben oder auch fünf Litern Bier gekommen war, eine Menge Geld ein.

Sven O. lebte in den Tag hinein. Nicht eine einzige Krone wurde auf ein Sparkonto eingezahlt. Er trug mit Vorliebe das Geld bündelweise bei sich und hatte mehr als gern die Spendierhosen an. An den Wochenenden kam es oft vor, dass er mit einer zweistelligen Zahl von Tausendkronenscheinen in den Taschen ausging.

»An einem Freitag ging ich mit einem dicken Bündel von Tausendern aus. Ich mag nicht sagen, wie viel Geld ich bei mir hatte, denn dann denken die Leute, ich übertreibe. Wie dem auch sei, als ich Montagmorgen nach Hause kam, hatte ich keine einzige Øre mehr. Mein Sohn Per hat gesagt: Du hättest zehnfacher Millionär sein können, Papa. Er hat sicher Recht«, sagt Sven O.

Märchen – mit Ausnahme jener, die von Aschenputteln handeln, die Kronprinzen bekommen – gehen einmal zu Ende. 1993 war die Zeit des schnellen Geldverdienens vorbei. Er zog aus dem Junggesellenschloss auf Aker Brygge aus und im Hotel Norge in Kristiansand ein. Das war für die nächsten vier Monate seine Adresse.

Dann waren die Taschen leer.

Ein Koffer mit ein paar Hemden und Hosen war fast alles, was er besaß.

Die Söhne Espen und Per sprangen ein und kauften für den Vater eine kleine Zweizimmerwohnung in Vågsbygd. Heute ist er Sozialhilfeempfänger. Er bekommt rund 6000 Kronen (770 Euro) im Monat, die Hälfte geht für die Miete drauf. Viele in Kristiansand sind der Meinung, dass der kreative Sven O. Høiby so richtig tief abgestürzt sei.

Manche behaupten, er sei Alkoholiker. Dieser Eindruck kann entstanden sein durch die Art und Weise, wie er in den Medien auftrat, nachdem sich Mette-Marit mit dem Kronprinzen des Landes verlobte. Sven O. Høiby hatte angenommen, dass ihm ein ruhiges Rentnerleben bevorstehe, stattdessen landete er im Scheinwerferlicht der Medien. Er verteidigte seine Tochter gegen die Gerüchteflut bei Knut Olsen in »Redaksjon 21« des Fernsehsenders NRK1. Er sang alte Seemannslieder auf TV2 und bestritt in einem Interview in *Se og Hør*, dass er – wie Gerüchte besagen – Alkoholiker sei.

»Ich genehmige mir morgens gern ein Pils«, sagte er. Aber Alkoholker? Nein.

»Wenn ich ausgeh, amüsier ich mich. Wenn dann alle in der Stammkneipe rufen: ›Sven O. soll jetzt singen‹, dann nehm ich das Mikrofon, setz mir eine schöne Frau auf den Schoß und singe. Ich bin eine Frohnatur, aber das Verhältnis zu König Alkohol habe ich hundertprozentig im Griff. Ich kann tagelang feiern, aber auch ein paar Wochen völlig ruhig verbringen. Der Alkohol – das sind meine eigenen Kopfschmerzen, und wenn es mir zu viel wird, lasse ich das Bier stehen. Ich hab Verständnis dafür, dass man mich für jemand halten kann, der ein leichtsinniges Verhältnis zum Alkohol hat. Ich liebe das Leben. Wenn du auffällst, werden die Leute neidisch, und in Norwegen ist der Neid bekanntlich stärker als der Geschlechtstrieb. Ich selbst hab nie erlebt, dass man mir direkt ins Gesicht sagt, ich sei Alkoholiker. Kristiansander, die mich kennen, sagen: ›Jetzt kommt Sven O. – jetzt kommt Leben ins Haus!‹ Ich sehe nichts Schlimmes darin, für ein bisschen Spaß zu sorgen. Wenn ich in einen Pub komm, ruf ich oft: ›Keiner in der Welt hat so viel Charisma wie Sven O!‹ Ich bin angeheitert, wenn es mir gefällt, und auch nüchtern, wenn es mir gefällt.«

Sven O. hat selten Streit angefangen. Er lebt nach dem Motto, dass es besser sei, in einem Lokal gern gesehen zu sein, als rausgeworfen zu werden. Nicht alle Familienmitglieder sind gleichermaßen davon begeistert, dass Sven O. die ganze Zeit seine eigenen Wege geht. Aber seine Kinder haben ihn gern und sind stolz auf ihren Vater. Sie wissen, dass er sich traut, den Mund aufzumachen, wo andere schweigen. Und davor hat ein echter Høiby große Achtung.

Im März 2001 sollte er seinen vier erwachsenen Kindern und vielen Enkelkindern einen furchtbaren Schreck einjagen. Als er seine neue Liebe Jorunn Vold in Oslo besuchte, bekam Sven O. akute Atembeschwerden. Der bis dahin so vitale 64-Jährige brach fast zusammen, mit furchtbaren Schmerzen in der Brust.

Jorunn Vold rief sofort den Notdienst an, der umgehend einen Krankenwagen schickte. In aller Eile brachte man Mette-Marits Vater ins Krankenhaus von Ullevål. Hier wurde nach gründlichen Untersuchungen festgestellt, dass das Herz nicht mehr so schlug, wie es schlagen sollte. Als das passierte, war Mette-Marit gerade in New York. Kaum aus den USA zurück, besuchte sie als Erstes ihren Vater. Auch wenn Vater und Tochter aneinander geraten waren, vor allem wegen seiner wiederholten Interviews in den Medien, verbindet die beiden doch ein enges und gutes Verhältnis.

Sven O. litt immer noch unter Atembeschwerden, die ganz ohne Vorwarnung kamen und gingen. Im April, Mai und Juni schwankte sein Zustand ständig. Eine Woche lang konnte Sven O. in Topform sein, spazieren gehen und den südnorwegischen Sommer genießen. Dann musste er plötzlich wieder tagelang das Bett hüten. Er war sehr erschöpft und litt unter solcher Atemnot, dass er es kaum bis zur Toilette schaffte.

Aber es sollte noch schlimmer kommen. Die ersten Wochen im Juli waren ein Alptraum. Ins Krankenhaus hinein und wieder heraus, mit Diagnosen und Gegen-

diagnosen verschiedener Ärzte, mit neuen Rezepten für sehr starke Medikamente, die dem Herz helfen sollten, aber seinen Allgemeinzustand schwächten. Die Familie und Freunde machten sich Sorgen.

Denn schon im April sollte er sich einer großen Herzoperation unterziehen. Wieder und wieder wurde die Operation verschoben. Der Quickwert war entweder zu hoch oder zu niedrig. Die Ärzte wollten kein Risiko eingehen, sie wollten warten. Das war mental eine große zusätzliche Belastung, und Seven O. sah ein, dass er in

Mutter und Tochter am Heiligabend hinter dem gedeckten Tisch sich gehen und seinen Lebensstil ändern musste. Nach vielen noch schlimmeren und grauenvolleren Erlebnissen mit dem Herzen, das plötzlich zwei oder drei Schläge »übersprang«, fasste er einen Entschluss: Nun sollten trockene Monate folgen. Der Biertrinker Sven O. würde in diesem Sommer keinen Tropfen Alkohol trinken.

Langsam, aber sicher besserte sich sein Zustand.

Jorunn, die zwei erwachsene Kinder aus einer früheren Ehe hat, war in dieser schweren Zeit eine sehr wichtige Stütze für Sven O. Sein Zustand verband die beiden noch enger, und gleich nach Ostern zog sie zu ihm in seine Wohnung in Kristiansand. Die Familie hofft, dass Sven O. in Zukunft die Signale des Körpers ernster nehmen wird.

Denn es bestand kein Zweifel, wer Mette-Marit am Sonntag, dem 25. August, im Dom zu Oslo zum Traualtar führen sollte.

Glaubte man …

Mette-Marit möchte den kleinen Marius möglichst lange vor der Presse abschirmen.
Nach der Verlobung akzeptierte sie eher, dass der Sohn ein beliebtes Motiv ist.

Kapitel 3

Hoch oben »down under«

Sich nach dem Sommer auf die andere Seite

des Erdballs zu sehnen, wenn es in Kristiansand Frühling wird, mag den meisten Südnorwegern sonderbar vorkommen. Die für diesen Landstrich typischen Holzboote werden für den Sommer vorbereitet und zu Wasser gelassen, im scharfen Sonnenlicht glänzt das Meer wie Silberschmuck, und bis die Touristen aus der Hauptstadtregion kommen, dauert es noch ein paar Monate. Mette-Marit Tjessem Høiby sehnte sich eigentlich nicht so sehr danach, irgendwo *hin*zureisen, sondern eher von etwas *weg*zukommen. Im Herbst 1989 und im Winter 1990 saß sie im Klassenzimmer der Realschule von Oddernes und sann darüber nach, was sie in aller Welt hier suchte. Die Schulstunden langweilten sie, die Schularbeiten wurden selten oder nie gemacht.

Sie hatte die Schule satt, und nach einem halben Jahr fasste sie einen Entschluss. Hier blieb sie nicht länger!

Eines Tages teilte sie ihren Eltern mit, dass sie eine Auszeit nehmen werde. Mette-Marit war 16 Jahre alt und fest entschlossen, ihre nichtalltägliche Entscheidung zu verteidigen. Die Schule für ein Jahr zu unterbrechen war möglich. Viele in ihrem Alter gingen für ein Jahr als Au-pair-Mädchen oder Austauschschüler ins Ausland, aber die meisten entschieden sich für die USA oder europäische Länder. Vor mehr als zehn Jahren war Australien ein ziemlich ungewöhnliches Reiseziel für unternehmungslustige Jugendliche. Die Mutter war skeptisch und versuchte mehrfach, sie wieder für die Schule zu begeistern, aber Mette-Marit war in Gedanken schon nicht mehr in Norwegen.

Das Mädchen machte Gebrauch von einem seiner herausragendsten Vorzüge – der Kunst, zu überreden und ihren Kopf durchzusetzen. Schon als Kind war Mette-Marit darin unschlagbar gewesen, andere für ihre Ideen und Gedanken zu begeistern und umzustimmen.

Mama Marit brauchte Zeit zum Überlegen. Das Mädchen war zwar für sein Alter schon recht erwachsen, und ein Schuljahr im Ausland konnte in vielerlei Beziehung von Vorteil sein. Aber die Mutter entdeckte auch, wie eng die Bindung zu ihrer Jüngsten war, die trotz allem ihr ganzes Leben lang bei ihr gewohnt hatte. Schließlich trafen die beiden ein Abkommen. Mette-Marit durfte unter der Bedingung reisen, dass die Mutter sie im Laufe des Schuljahres besuchen konnte.

Der schwierigste Teil der Aufgabe war geschafft.

Sven O. war leichter zu überreden. Er war stets impulsiv gewesen, und ihren Eigensinn und Willen hatte Mette-Marit von ihm geerbt.

»Besser, man bereut, was man getan hat, als was man nicht getan hat«, war seine Philosophie. Sven O. stand ihrem Entschluss ganz und gar positiv gegenüber, verstand aber auch die Bedenken seiner Exfrau.

Mette-Marit hatte bereits zu Anfang des Schuljahres Broschüren von Organisationen gesammelt, die sich mit Schüleraustausch befassten, und sich gründlich damit beschäftigt. Durch die Vermittlung der gemeinnützigen Organisation Youth For Understanding (YFU) fiel die Wahl auf Australien. Sie hoffte, bei einer Familie in den Großstädten Brisbane oder Sydney zu landen, aber das Stadtmädchen sollte in diesem Herbst einen Landschock erleben.

Wenn man von Sydney, der größten Stadt Australiens, 422 Kilometer in Richtung Westen fährt, kommt man nach Melbourne mit seinen 3,3 Millionen Einwohnern. Fährt man von dort 225 Kilometer in südwestliche Richtung weiter, hinein in den Staat Victoria, kommt man zu vielen verschlafenen Kleinstädten, in denen Pick-ups durch die Straßen fahren und alle Menschen aussehen, als ob sie sich ständig grüßten. Dies sind kleine Orte und Städte, wo ein fremdes Auto in der Hauptstraße Aufsehen erregt. Und dies sind Orte, die junge Menschen oft verlassen, um woanders eine Ausbildung zu erhalten.

Mette-Marit *kam* in einen solchen Ort, um hier zur Schule zu gehen.

Die Stadt hieß Wangaratta. Die Arbeitslosigkeit betrug hier 7,4 Prozent. 10 Prozent der Erwerbstätigen waren Bauern. Der Rest schien in Behörden oder Betrieben zu arbeiten oder aufgegeben zu haben. Viele der 25 000 Einwohner vertraten die gängige Meinung, dass die Stadt »mitten im Nichts« liege.

Michael Green hatte schon eine Zeit lang auf dem Flugplatz Tullamarine in Melbourne gewartet. In der Tasche hatte er ein Foto von einem hochgewachsenen blonden Mädchen aus Norwegen. Mette-Marit hatte ebenfalls ein Bild von dem Paar, das für ein Jahr ihr Gastgeber sein sollte. Michael erkannte sie sofort, als sie nach einer Flugreise von rund 30 Stunden aus der Gepäckhalle kam.

»Du bist ziemliche klein«, sagte sie zu Michael.

Mette-Marit mit den Gasteltern Michael und Eva Green während ihres Australienaufenthaltes.

Festlich geklei-
det. Mette-Marit
in bekannter
Haltung, eine
Prince Mild in der
Hand. Sie fing als
Teenager an zu
rauchen, und
eine 20iger-
Schachtel ist an
einem Tag
schnell leer.

»Du bist ziemlich groß«, erwiderte er.

Die kleine Neckerei half, die Stimmung zu lockern. Die beiden hatten sofort einen Draht zueinander und gingen zum Auto. Mette-Marit – oder Mette, wie sie von allen während ihres Aufenthaltes in Australien genannt wurde – glaubte, sie würde gleich in der Nähe von Melbourne wohnen, aber die Autofahrt dauerte drei Stunden. Kurz nach Mitternacht kamen sie zu einem kleinen Haus, das ringsum von Bauerngehöften und Hunderten von Rindern umgeben war. Vor dem Haus lag ein großer Garten mit Birnen-, Apfelsinen- und Apfelbäumen. Ein paar Gänse liefen frei in einer Umzäunung umher.

»Ihr wohnt ja weit weg von der Hauptstraße«, sagte sie verdutzt. Mette-Marit hatte sich etwas Urbaneres vorgestellt. Am nächsten Tag schlief sie bis weit in den Vormittag, und die nächsten Tage wurden für Ausflüge nach Wangaratta und in die Umgebung genutzt. Sie bekam die Highschool der Stadt zu sehen und die Weinstöcke der bekannten Weinanbaugebiete wie Milawa, Oxley und King Valley. Mette-Marit erfuhr, dass sich in Wangaratta im Gegensatz zum restlichen Australien mehrere Restaurants auf die australische Küche spezialisiert hatten. Und dass das größte Ereignis des Jahres das Jazzfestival im November war.

Wangaratta wird als die »Jazzhauptstadt des Landes« bezeichnet. Das mag in vielen Ohren wie süße Musik klingen, aber für Mette-Marit war dies ein Ort inmitten weiter öder Gebiete, wo es nur ein paar Bauernhöfe mit Hunderten von Rindern im Kral gab. Und um in die Schule zu kommen, musste sie eine halbe Stunde mit dem Bus fahren.

Willkommen in der Wirklichkeit, willkommen im großen Australien!

Michael Green hatte sofort das Gefühl, sich gut mit der Gasttochter Mette-Marit zu verstehen. Später im Schuljahr sollte Mette-Marit gegenüber ihren Freundinnen äußern, dass sie sich bei ihrer Gastfamilie nicht besonders wohl fühle.

»Ich glaube, dass Eva, die damals schwanger war, vielleicht ein bisschen eifersüchtig war, weil ich und Mette uns so gut verstanden. Gleich von Anfang an hatte Mette einen guten Kontakt zu unserem Bekanntenkreis. Sie war höflich, und alle mochten sie, mit Ausnahme unserer Gänse. Die Tiere waren in unserem Garten eingezäunt. Anfangs lief Mette schreiend davon, und die Gänse immer dicht hinter ihr her. Mit der Zeit wurde sie mutiger, aber richtig vertraut wurde sie nie mit ihnen. Ich habe gehört, dass es typisch skandinavisch sein soll, allem Neuen gegenüber ein bisschen verschlossen und skeptisch zu sein. Eva war so. Mette war das völlige Gegenteil«, erklärt Michael Green.

Er ist nicht mehr mit Eva verheiratet.

Eva kam schon als Elfjährige mit ihrer Familie aus Schweden nach Australien und hat seitdem hier gelebt. Deshalb freute sie sich auf den Besuch aus Skandinavien.

»Ich und Mette wurden gute Freundinnen. Die Ehe mit Michael kränkelte zu der Zeit sehr, und das ist vielleicht auch der Grund, weshalb er behauptet, ich und Mette hätten nicht eine Sprache gefunden«, sagt Eva.

Mette-Marit mit ihren Klassenkameraden auf der Highschool von Wangaratta.

»Ich war diejenige, die wollte, dass wir eine Austauschschülerin bei uns aufnehmen. Da ich Schwedin bin, sollte es ein Mädchen aus Skandinavien sein«, sagt Eva Green. Wie alle anderen in Wangaratta kann sie nur Positives über Mette-Marit sagen.

»Mette hat hier eine sehr schöne Zeit verlebt, das weiß ich. Das Einzige, worüber sie sich beklagte, war ihr Gewicht. Sie hat in dem Jahr, in dem sie bei uns wohnte, bestimmt zehn Kilo zugenommen.«

Eine gute Köchin war die Frau des Kronprinzen damals nicht.

»Sie hat ein einziges Mal für Michael und mich gekocht. Da gab es Fischstäbchen. Mette sagte, das sei zu Hause in Norwegen ihr Lieblingsgericht. Aber weder ich noch mein Exmann haben seitdem je wieder Fischstäbchen gegessen«, sagt Eva lachend.

Das Mädchen aus Südnorwegen fand schnell viele Freundinnen auf der Highschool von Wangaratta. Da die Busfahrt insgesamt eine Stunde dauerte, verlegte sie ihre Freizeitaktivitäten gleich nach Unterrichtsschluss und benutzte nie die Wohnzimmercouch bei dem Ehepaar Green. Ziemlich oft übernachtete sie bei ihren Freundinnen, die im Zentrum der Kleinstadt wohnten. Für Mette-Marit war das stets eine willkommene Abwechslung. Zu Hause bei der Gastfamilie saß sie oft allein in ihrem Schlafzimmer, hörte Musik und las Bücher, meistens beides gleichzeitig.

Michael Green nahm sie gern mit, wenn er auf Kaninchenjagd ging, eine seiner liebsten Freizeitbeschäftigungen. Mette-Marit lernte, mit dem Jagdgewehr umzugehen, und hatte keine Angst vorm Schießen. Aber am allerliebsten »schoss« sie mit der Kamera, die überall dabei war. Michael stellte sie auf Festen auch seinen Freunden vor, und Mette-Marit war verblüfft über die Alkohol- und Speisemengen, die die Australier zu sich nahmen.

Der Gastvater nahm sie auch mit in seinen Stammpub und sorgte dort für ihren ersten Kulturschock. Der Barkeeper bedient eigentlich keine 16-Jährigen, da sie aber in Begleitung eines Erwachsenen war, machte er eine Ausnahme.

Am ersten Abend tranken sowohl Michael als auch Mette eine paar Drinks und Bier. Dann holte er die Autoschlüssel hervor und wollte nach Hause fahren.

Das Mädchen aus Kristiansand protestierte heftig.

Sie stieg doch nicht zu einem ins Auto, der Alkohol getrunken hatte!

Michael erklärte, dass es in Australien normal sei, ein paar Bier zu trinken und dann mit dem eigenen Auto nach Hause zu fahren. Zwar nicht ganz gesetzlich, aber allgemein üblich. Mette-Marit blieb keine Wahl. Sie fuhr mit.

Den zweiten Schock bekam sie angesichts der Essgewohnheiten der Einheimischen. Australien ist eine Grillnation, die ihre Lieblings-Cuisine das ganze Jahr über zubereiten kann. Als Mette-Marit nach Wangaratta kam, war sie fast Vegetarierin. Aber schon bald sollte sie Geschmack an der Lieblingsmahlzeit der meisten Australier finden, dem Rindfleisch. Anfangs schaffte es das Mädchen aus Norwegen nicht, die Portionen, die serviert wurden, auch aufzuessen. Aber dann gewöhnte sie sich an die Landessitten und aß ebenso viel wie die anderen, und gegen Ende des Aufenthaltes stand sie immer öfter auf der Badezimmerwaage, jedes Mal bekümmerter.

»Hergekommen bin ich als Mädchen, und nach Hause fahr ich als Frau«, jammerte Mette-Marit augenzwinkernd.

Michael Green ist der Meinung, dass er einen sehr guten Kontakt zu der norwegischen Austauschschülerin bekam.

»Ich hatte wirklich das Gefühl, wie ein Vater zu Mette zu sein. Wir beiden konnten bis in die Nacht hinein zusammensitzen und uns Videos ansehen. Wenn sie nicht in die Schule musste, war sie wirklich ein B-Mensch, ein Nachtmensch. Wir konnten stundenlang spazieren gehen und über alles Mögliche reden. Sie war ein of-

Dieses Foto schickte Mette-Marit ihren zukünftigen Gast-eltern Eva und Michael Green in Australien, damit sie sie auf dem Flugplatz in der Menschenmenge erkannten.

Gegenüber-liegende Seite: An der Hand-schrift und dem korrekten Eng-lisch dieses Brie-fes, den Mette-Marit Weihnach-ten 1989 an Michael und Eva Green in Wanga-ratta schickte, ist kaum etwas auszusetzen.

fener und suchender Mensch, und wir führten vertrauliche Gespräche über unsere innersten Gedanken und Gefühle. Ich hatte den Eindruck, dass sie weniger Kontakt zu ihrem wirklichen Vater hatte, auch wenn sich das Verhältnis gegen Ende ihres Aufenthaltes wesentlich verbesserte. Vielleicht ist die Scheidung der Hauptgrund gewesen, dass sie eine Zeit lang aus Norwegen wegwollte«, meint Michael Green.

Er suchte nicht nach einer Tochter, für die er Vater sein konnte. Michael hatte bereits zwei Töchter aus erster Ehe, Sarah (2) und Kathrine (4). Sie lebten bei ihrer

GOD JUL

Merry Cristmas!

18. Des. 1989

Hello,

Thank you for your telephone call, I'm sorry I wasen't home, because i would have loved to talk to you. I have some practic questions to ask you. Do I hope you don't mind. The first thing I did when I heard were i should live i found it on the map. I actually was quite nervous when I heard that there were only 16.000 inhabitants. but it helped when I found it on the map....
I'd like to know a few things about Wanguratta High-som How many pupipls? Do I have to wear a school uniform? When does it start after the summer holiday? What subjects can I choose. Will you please check if i can have french? Are there school sports teams? Are sports important like in the U.S.A? Do you know wich grade i will enter?
I also have some questions about my life "down - under". Will there be any chance to go skiing since it's that near the australian-alps? (I'm curious of to heer how everything is! I Hope you don't mind that I'm asking all these questions! Is there anything special I should bring before I leave home? How is it where you live, is it kind of bush? Everyone teases me with that I'm going to the bush you see. Well I probubly get the answer to all these questions before I go home to Norway in Desember 1990. I have to admit that I was very, very excited when I heard I'd got a family. I was so fun!
Well now I might tell you some thing about Norway, right now it's snowing thats a lie it was snowing yesterday, but now it's gone, the rain came and it was gone. Thats really a shame because it was so nice, all the trees, roads, houses and cars was white, covered with snow. That made me have some cristmas -spirit. You have to excuse my english, I hope you forgive my bad grammar. Thats what i want to learn. If you are looking for a girl with long blonde hair, you wont recon me. I have had it cut, and I'm short. But I'll send you a picture. You will probubly get shocked, but as i use to say, who cares!

Mutter, waren aber regelmäßig im Haus in der Prärie zu Besuch. Mette-Marit kam mit den beiden kleinen Mädchen sehr gut zurecht. Zwei Monate vor Mette-Marits Abreise bekamen die Gasteltern eine Tochter. Heute ist sie zehn Jahre alt und stolz, als sie erfährt, dass das Mädchen, das bei ihnen wohnte und von dem es Bilder in dem Album im Regal gibt, einen echten Kronprinzen geheiratet hat.

Mette-Marit rief in regelmäßigen Abständen zu Hause in Kristiansand an und sprach oft mit ihrer Mutter, die zu der Zeit viel in England war. Sie hielt das Heimweh auf Abstand, aber zu Weihnachten war es gar nicht so leicht, mit 17 Jahren allein auf einem anderen Kontinent zu sein, weit weg von den Nissen, den heimatlichen Weihnachtswichteln, die natürlich Norwegisch sprachen. Kurz nach Weihnachten kamen ihre Mutter und ihre ältere Schwester Kristin auf Besuch, und die Wiedersehensfreude war groß. Die Damen aus Kristiansand wohnten zwei Wochen bei der Familie Green, und die Gastgeber waren sehr angetan von der Höflichkeit der Gäste. Wenn die drei unter sich waren, sprachen sie natürlich Norwegisch und rollten ihre Rs. Aber sobald Michael oder Eva hinzukamen, gingen alle sofort zu Englisch über.

Mette-Marit erzählte ihrer Familie, dass das Ehepaar nett sei und ihr manchmal Kleidungsstücke und CDs schenkte. In ihrem Zimmer hatte sie Plakate mit Pop- und Rockstars aufgehängt, und am liebsten hörte sie The Doors. Val Kilmer spielte damals Jim Morris in dem großen Doors-Film, und gegen Ende der Neunziger trug man wieder vieles aus der Mode der sechziger und siebziger Jahre. Auf der Stereoanlage spielte Mette-Marit Dire Straits, Australiens eigene Helden INXS und U2.

Oben: »Hier wollen wir zu einem Fest. Das Kleid habe ich Mette geborgt«, erzählt Julie Peipers.

Julie Peipers war in Wangaratta eine von Mette-Marits engsten Freundinnen. Sie und ihr Verlobter Mika waren natürlich zur Hochzeit eingeladen.

Interessant ist der Schluss dieses Briefes, den Mette-Marit – oder Mette, wie sie sich während ihres Australienaufenthaltes nannte – zum Muttertag 1991 an Eva Green schrieb, »Your royal pain« – Dein königlicher Plagegeist.

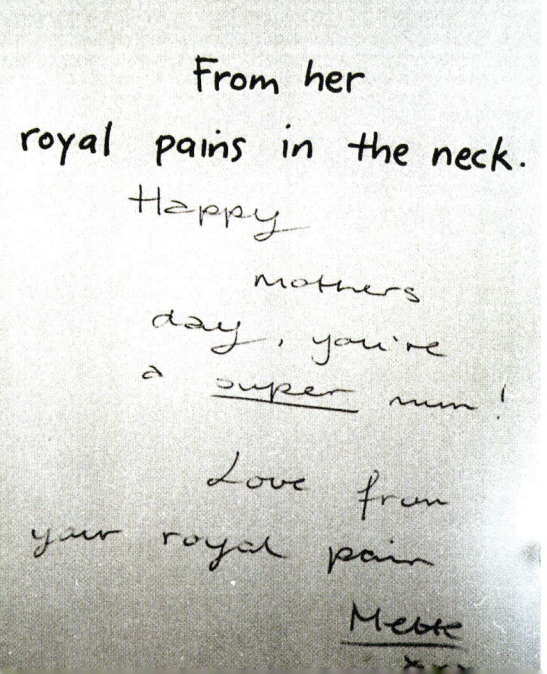

Mette-Marit fand viele Freunde, meistens Mädchen, aber auch ein paar Jungs. Von Beziehungen war in dieser Zeit keine Rede. Die Freunde waren viel zu sehr damit beschäftigt, ihr Australien zu zeigen und an den Wochenenden Ski zu laufen. So wie Kristiansand seinen Wintersportort Hovden hat, hat auch das trocken-heiße Wangaratta seinen Wintersportort Mount Hotham, nur ein paar Stunden Autofahrt vom Zentrum der Stadt entfernt. Dort wohnten die Freunde in einem Hüttenkomplex, spielten Billard und feierten Partys, wenn sie nicht auf dem Skihang waren.

Mette-Marit und ihre Freundinnen waren ständig unterwegs. Hier zusammen mit Nicki Plumbridge auf dem Kamelrücken.

Dieses Foto ent-
stand, als Anna
Wearne 1995
Mette-Marit in
Kristiansand be-
suchte. Hier haben
es sich die beiden
auf der Couch im
Zimmer von Mama
Marit bequem
gemacht.

Mette-Marit freundete sich während des Jahres in Australien vor allem mit vier Mädchen an: Nicki Plumridge, Anna Wearne, Joanne Terry und Julie Peipers. An den Highschools steht Sport im Mittelpunkt, und an der Highschool von Wangaratta spielten die Mädchen oft Tennis. Mette-Marit trieb gern Sport, aber im Gegensatz zu ihren Brüdern hasste sie es, Wettkämpfe auszutragen. Die Mädchen gingen lieber ins Café *The Owl's Roost*, bezahlten jede 50 Cent, teilten sich eine große Schale Chips und redeten über Bekannte und Unbekannte.

In der kleinen Stadt war Mette-Marit mit ihrer Körpergröße und Haarfarbe eine exotische Erscheinung. Viele australische Mädchen haben Sommersprossen, und um den Farbunterschied zu verdecken, schminken sie sich stärker, als es der hellen Haut gut tut. Mette-Marit verwendet fast nie Make-up. In der Schule musste einheitliche Schulkleidung getragen werden: im Sommerhalbjahr ein klein kariertes hellblaues ärmelloses Kleid. Nach der Schule badeten die Mädchen manchmal in ihren Kleidern in einem Fluss. In dem heißen Klima waren die Kleider im Nu wieder trocken. In ihrer Freizeit trugen fast alle 1200 Schüler Jeans und T-Shirts.

Mette-Marit mochte sich nicht gern festlich kleiden, deshalb glänzte sie bei einigen der großen Schulbälle durch Abwesenheit.

Sie kam bei ihren Mitschülern und bei den Jungen aus der Stadt groß an, daraus ergab sich aber nie mehr als ein Flirt, auch wenn die Jukebox in der Ecke wieder und wieder den Schmusetanz »Hotel California« mit The Eagles spielte.

Woran sich Nicki Plumridge am besten erinnert, ist Metta-Marits Lachen.

»So etwas hatte ich noch nie gehört. Es begann meistens mit einem kleinen vorsichtigen Kichern und entwickelte sich zu einem hysterischen Lachanfall, der nie enden wollte. Da fingen wir andern dann auch an zu lachen. Sie war in dem Jahr eines der schönsten Mädchen der Schule, aber nicht die Spur eingebildet. Im Gegenteil, sie besaß eine große Portion Selbstironie und nahm lieber sich selbst auf den Arm als andere, besonders wenn es mit der englischen Aussprache ein bisschen haperte. Sie war immer die Erste, die lachte«, erzählt Nicki Plumridge.

Das Schuljahr war viel zu schnell vorbei. Mette-Marit äußerte mehrmals, dass sie am liebsten in Wangaratta bleiben würde. Jedenfalls sorgte sie dafür, dass die Freundinnen noch lange an sie denken sollten.

Mette-Marit beendete den Australienaufenthalt mit ihrem besonderen Kennzeichen, der Unpünktlichkeit.

Die Freundinnen hatten die Eltern überredet, sie zum Flugplatz nach Melbourne zu fahren, um Mette-Marit zu verabschieden. Das bedeutete insgesamt eine Fahrt von mehr als 40 Meilen. Die Mädchen standen am Check-in, aber von Mette-Marit war nichts zu sehen. Schließlich wurde sie über den Lautsprecher aufgerufen, so-

Anna Wearne und Mette-Marit bei einer Bootsfahrt.

Oben: Anna mit ihrem Freund Arun und ihrer besten Freundin Mette-Marit in einem Melbourner Restaurant. Wahrscheinlich schlief Arun hinter dem Steuer ein und verursachte dadurch den Autounfall, bei dem er und Anna 1997 umkamen.

Ann Wearne mit einem Bild ihrer einzigen Tochter.

fort zum Einchecken zu kommen. Inzwischen waren die Mädchen schon zum Ausgang gegangen, von dem aus die Passagiere an Bord gingen, um wenigstens einen letzten Blick von Mette-Marit zu erhaschen. Und sie befürchteten schon das denkbar Schlimmste: dass sie auf dem Weg zum Flugplatz in einen Verkehrsunfall verwickelt worden sein könnte. Im allerletzten Augenblick kam Mette-Marit atemlos mit ihrem Gepäck angestürzt. Sie konnte den Freundinnen gerade noch einen blitzschnellen Kuss auf die Wange geben und – schwups – war sie unterwegs zu einem anderen Erdteil.

Drei Jahre später wollte Mette-Marit das wieder gutmachen.

1993 klingelte es eines Abends an der Tür von Michael Green. Mette-Marit stand da, lächelnd und völlig unangemeldet.

»Was machst du denn hier? Warum hast du nicht Bescheid gesagt, dass du kommst?«, fragte ein leicht geschockter Michael.

»Ich wollte euch überraschen«, antwortete Mette-Marit und fragte nach Eva. So wie ihre eigenen Eltern hatten sich auch ihre Gasteltern in Wangaratta getrennt.

Während dieser beiden Wochen war sie meistens mit den Schulfreundinnen zusammen. Sie machten Ausflüge, gingen ins Café und redeten über Jungs und über das, was sich inzwischen getan hatte. Alles war wie in »alten Tagen«. Mette erzählte, dass sie einen Freund habe, der DJ in England sei. Sie rief ihn täglich an und war, Julie Peipers zufolge, offensichtlich furchtbar verliebt.

1996 – abermals zwei Jahre später – besuchte Mette-Marit noch einmal die Freundinnen auf der anderen Seite des Erdballs.

Sie kam, um vor allem mit ihrer allerbesten Freundin Anna Wearne zusammen zu sein, die aus dem verschlafenen Wangaratta in die Großstadt Melbourne umgezogen war. Anna hatte im Sommer zuvor Mette-Marit in Kristiansand besucht – und war nun ihre engste Freundin.

In den beiden Monaten, die Mette-Marit bei der Freundin wohnte, genoss sie das Leben. Tagsüber shoppten die beiden in den Boutiquen im Zentrum der Stadt oder gingen auf Sightseeingtour, abends besuchten sie Konzerte oder Nachtbars. Eines Tages kamen die Mädchen begeistert nach Hause und erzählten Ann Wearne, Annas Mutter, dass sie unmittelbar vor dem Hafenbecken von Melbourne mit Delfinen geschwommen hatten.

Bevor Mette-Marit nach Norwegen zurückkehrte, verabredeten die Freundinnen ein Wiedersehen für das nächste Jahr.

Daraus sollte nichts werden.

Kurz vor Weihnachten 1996 rief Mette-Marit bei Anna an, sie hatte große Neuigkeiten.

»Ich bin schwanger«, erzählte sie, »und ich möchte, dass du bei der Geburt dabei bist!«

Anna fühlte sich durch den Wunsch der Freundin geehrt, aber sie studierte Jura und hatte wenig Geld. Ihr Freund wollte ihr das Geld leihen. Aber Anna war zu stolz, um sich von ihm finanziell abhängig zu machen, und dankte höflich für sein Angebot. Während Mette-Marit ihr erstes Kind erwartete, fuhren die beiden mit dem Auto in die Ferien.

Ein wenig enttäuscht, dass Anna bei der Entbindung nicht dabei sein konnte, rief sie ein paar Tage nach der Geburt von Marius wieder bei der Freundin an. Sie wollte ihr erzählen, dass der kleine Schatz gesund und alles gut gegangen sei.

Annas Mutter, Ann Wearne, war am Telefon. Mit versagender Stimme brachte sie nur mühsam hervor:

»Anna ist tot. Sie ist gestern bei einem Autounfall ums Leben gekommen.«

Zuerst war es am anderen Ende ganz still. Dann hörte Ann kleine Schluchzer. Und dann brach Mette in krampfhaftes Weinen aus und schrie:

»Das kann nicht wahr sein! Das kann nicht wahr sein!«

Ann Wearne erinnert sich an das Telefongespräch, als hätte es erst gestern stattgefunden. In den Wochen und Monaten nach dem Tod ihrer Tochter durchlebte sie das Gespräch mit Mette-Marit wieder und wieder.

»Wenn man Leben geschenkt und ein Kind geboren hat, kann man den Tod voll und ganz verstehen. Deshalb habe ich keine Probleme, mir vorzustellen, wie schwer das in dieser Zeit für Mette gewesen sein muss«, sagt sie.

»Süß und gesellig!« So wird Mette-Marit von den Freundinnen in Wangaratta beschrieben.

Ein Gedanke geht Ann Wearne nicht aus dem Sinn: Wenn die Tochter nach Oslo geflogen wäre, würde sie wahrscheinlich heute noch leben.

»Früher verging fast kein Tag, an dem mich nicht dieser Gedanken quälte. Ich erinnere mich, dass ich mir Vorwürfe machte, weil ich ihr nicht das Geld für die Reise geliehen habe. Inzwischen habe ich eingesehen, dass das Leben weitergehen muss.«

Ann Wearne ist selbstverständlich Gast bei der Kronprinzenhochzeit und eine der allerersten, der die Einladung auf dem Postweg zugestellt wurde.

»Stellen Sie sich bloß mal vor, ich soll zu einer königlichen Hochzeit. Das ist ganz unglaublich. Und wie ich mich darauf freue, Mette wiederzusehen!«, sagte sie gegenüber *Se og Hør* im Sommer 2001.

Mette-Marit war es nicht vergönnt, an der Beisetzung ihrer besten Freundin Anna teilzunehmen.

Julie Peipers sprach in dieser Zeit viel mit Mette-Marit.

»Sie sagte, das sei die schwerste Zeit ihres Lebens. Während sie einerseits überglücklich war, weil sie Marius zur Welt gebracht hatte, war sie andererseits untröstlich über den Verlust. Anna stand ihr sehr nahe«, sagt Julie.

Wenn Norweger im Ausland nette Menschen kennen lernen, sagen sie oft: »Du musst mich mal in Norwegen besuchen.« Viele versprechen es, aber sehr wenige tun es wirklich. Robert Findlay nahm Mette-Marit beim Wort. Er unterrichtete Biologie und Sport und war ihr Lieblingslehrer. Robert schrieb einmal in ihr Zensurenbuch: »Manchmal hat es den Anschein, als ob die sozialen Aktivitäten der Klassen wichtiger wären als das Lernen.«

»Sie war nicht die Eifrigste der Klasse, aber das ist ja auch nicht der Grund, weshalb Austauschschüler in dem Alter nach Australien kommen. Sie kommen, um eine neue Kultur kennen zu lernen. Mein Eindruck war, dass Mette-Marit sich nicht im Klaren war, was sie werden wollte. Aber sie erwähnte einmal, dass sie sich vorstellen könnte, Diplomatin zu werden«, erzählt er. Robert Findlay landete im Herbst 1991 in Kristiansand, wohnte bei Mama Marit und unternahm mit Rolf Berntsen einen Ausflug in die Schären.

Mette-Marit beeindruckte nicht nur ihren Lieblingslehrer. Paul Scholes, der Rektor der Schule, hat ein fast aufsehenerregend gutes Gedächtnis, da er sich unter den 1200 Schülern, die seine Schule vor zehn Jahren besuchten, an ein bestimmtes Mädchen erinnert.

»Der Grund ist, dass Mette-Marit so lebhaft und nach außen gewandt war. Es ist fast unwirklich, dass sie eines Tages Königin von Norwegen sein wird. Aber sie war sehr schön und charismatisch. Wir haben hier eine ganze Reihe von Austauschschülern auf der Schule, und ich erinnere mich auch, dass sie freundlich und kooperativ war. Mir ist besonders ihre schöne Haut in Erinnerung geblieben. Ich will nicht aufschneiden, aber wenn Australien eine Königin wählen müsste, würde ich für Mette-Marit stimmen«, sagt der Rektor.

Norwegen sollte noch mehr Besuch aus Wangaratta bekommen. Nicht der rührige Rektor kam, sondern die Freundin Julie Peipers. Diesmal besuchte sie nicht nur die Privatperson Mette-Marit, sondern Norwegens neue Kronprinzessin. Sie und ihr Freund Michael trafen schon zwei Wochen vor der Hochzeit am

25. August ein und wohnten in Haakons und Mette-Marits Gästezimmer im Ullevålsveien 67.

Julie hatte die ganzen Jahre die Verbindung zu dem Mädchen aus Kristiansand durch Briefe und Postkarten und später mit E-Mails aufrechterhalten. Im Frühjahr 2000 rief Mette-Marit in Australien an, aber Julie Peipers war auf der Arbeit gerade so beschäftigt, dass sie bat, zurückrufen zu dürfen. Mette-Marit gab ihr die Nummer ihres Liebsten, erwähnte aber mit keinem Wort, dass er Kronprinz war. Ein paar Wochen später kam Julie zufällig mit einem norwegischen Ruchsacktouristen, der auf einer Rundreise durch Australien war, ins Gespräch. Die beiden unterhielten sich über alles Mögliche, und Julie erzählte, dass sie eine norwegische Freundin habe, die Mette-Marit hieß.

Mette-Marit hatte immer eine Vorliebe für Tiere. Zu Hause in Kristiansand besaß sie einen Hund, in Australien war es die Katze von Gastmutter Eva, in die sie vernarrt war.

»Das ist bestimmt die, die mit dem Kronprinzen zusammen ist«, scherzte der Norweger.

»Heißt sie mit Nachnamen Hoiby?«, fragte Julie.

»Ja, woher weißt du das?«, fragte der Norweger verblüfft.

Nun verschlug es Julie die Sprache.

»Ist sie wirklich mit einem echten Kronprinzen zusammen? Das ist ja nicht zu glauben! Davon hat mir Mette nichts gesagt!«, rief sie begeistert.

Im Herbst 1992 landete Mette-Marit wieder in der norwegischen Wirklichkeit. Nach dem Traumjahr in Australien fand sie sich auf einer Schulbank in der Kathedralschule von Kristiansand wieder, auch »Katta« genannt. »Down under« hatte ihr genug Inspiration und Auftrieb verliehen, so dass sie es nun bis zum Abitur aushielt. Da sie zwei Jahre älter war als die anderen, wurde sie von ihren Klassenkameraden »Mama« genannt. Und in bekannter Manier kam sie am ersten Schultag zu spät. Dadurch landete sie auf dem Platz, den kein anderer haben wollte, direkt vor dem Lehrerpult.

Wenn es in der Klasse unruhig wurde, drehte sich »Mama« manchmal um und brachte die anderen mit einem »Pst« zum Schweigen. Aber als echte Høiby redete sie den Lehrern nie nach dem Mund. Sie hatte den Mut, ihre Meinung zu sagen, und machte fast immer, was sie wollte. Auch wenn es um ihre Kleidung ging. Für Mette-Marit spielte es keine Rolle, was sie anhatte und was andere dazu meinten. Die meisten Teenies opponieren eine Zeit lang gegen Eltern und Autoritätspersonen. Dies war Mette-Marits Art, ihre Selbständigkeit zu zeigen. Aber sie ging in ihrem Protest noch weiter: Eines Tages erschien sie mit völlig glatt rasiertem Kopf in der Schule. Wie ein echter Skinhead. Das schöne lange Haar war verschwunden, sie machte daraus aber keine große Show. Die Schüler fanden die neue »Scheitelfrisur« toll und wollten ihr ständig über den Kopf fahren.

Da Mette-Marit zwei Jahre älter war als ihre Mitschüler, kamen ihr einige reichlich kindlich vor, und sie freundete sich mit keinem näher an. In den meisten Fächern war sie durchschnittlich gut, zeichnete sich aber bei Diskussionen aus. Anfangs war sie entschlossen, sich von den »Rødruss-Feiern« fern zu halten, den wochenlangen berühmt-berüchtigten Festen der norwegischen Abiturienten. Sie fühlte sich zu erwachsen, um allen möglichen Klamauk und Spaß mitzumachen. Aber als

Links:
Dieses Foto von Marius schickte Mette-Marit zu Weihnachten 1999 Ann Wearne,
der Mutter ihrer verunglückten engsten Freundin Anna.

ihre Klassenkameraden die Klapperkisten von Festautos zum Laufen gebracht und die ersten Partys hinter sich hatten, gab es für Mette-Marit kein Halten mehr. Sie holte das Versäumte in vollen Zügen nach. Schülern, die sich ihrer kaum aus dem Klassenzimmer oder vom Schulhof erinnerten, blieb ihre Art zu feiern in Erinnerung. Sie wurde bekannt als das Mädchen, das nie nach Hause wollte …

Einige behaupten, dass es hier seinen Anfang nahm – das Feiern, das Kronprinz Haakon ein paar Jahre später in einem Fernsehinterview als »Ausagieren« beschrieb. Aber eines war sicher: Mette-Marits wilde »Rødruss-Zeit« sollte noch viele Jahre andauern.

Anfangs hatte Mette-Marit vor, bei den Rødruss-Feiern, den traditionellen wochenlangen Feiern der norwegischen Abiturienten, nicht mitzumachen. Aber dann änderte sie ihre Meinung und feierte in vollen Zügen mit.

Kapitel 4

Ferienidyll auf Samos

Mette-Marit genießt noch eine Zigarette auf dem Hotelbett, bevor sie mit ihrer Freundin Mille Nyman essen geht.

Im Herbst 1992 machten Mette-Marit und ihre Freundin Mille Nyman Urlaub auf der griechischen Insel Samos und erholten sich bei wolkenlosem Himmel und 30 Grad im Schatten. Da beide eine Woche freihatten, hatten sie ein paar Tage zuvor eine Last-Minute-Reise ohne Programm gebucht.

Am Tag sonnten sie sich, badeten und spielten Strandvolleyball. Aber meistens genossen es die Mädchen, auf der faulen Haut zu liegen. Abends gingen sie in ein Restaurant, spielten Karten und Backgammon.

Bei hohem Sonnenfaktor am Strand zu liegen und bei hohem Partyfaktor ins Restaurant oder in die Disko zu gehen – zu viel mehr konnten sich die beiden in dieser Woche nicht aufraffen.

Einmal liehen sich die beiden ein Moped – und das wäre beinahe schief gegangen. Bei einem Ausflug geriet das Moped ins Schleudern, und sie stürzten. Sie kamen aber mit dem Schrecken und ein paar Schürfwunden davon.

»Sexy Körper«: Das langbeinige Mädchen aus Südnorwegen stellte sich zum Fotografieren willig in Positur.

Keine Frage, wer das Mädchen mit der Zigarette ist.

Unten: Mette-Marit in einem Straßencafé mit einer Flasche Heineken. »Uns geht es ausgezeichnet.«

VI HAR DET DEILIG

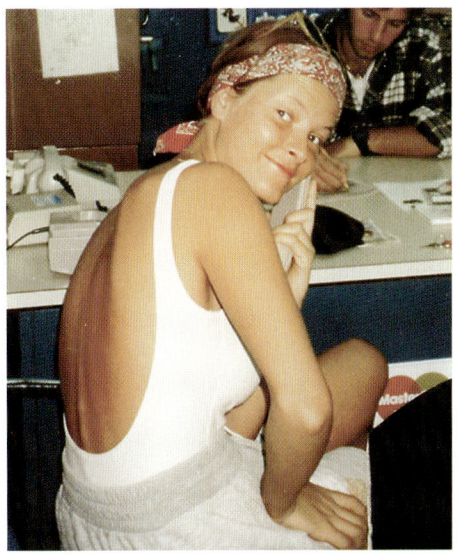

Jeden Tag rief sie während des einwöchigen Urlaubs auf Samos Mama Marit in Kristiansand an und erzählte von ihren Erlebnissen.

DAGEN DERPÅ

Oben: Die damals 19-jährige Mette-Marit hat sich zum Ausgehen schick gemacht.

»Der Tag danach«. Mette-Marit wurde in dieser Zeit oft Linda Evangelista genannt, weil sie Ähnlichkeit mit dem amerikanischen Supermodell hatte.

METTE-MARIT

»Ziemlich schräääg?« Ein wenig zu viele halbe Liter …

Oben: Mette-Marit ausgehfein. Auch wenn sie sich am liebsten zwanglos kleidet, zieht sie sich gern bei besonderen Anlässen schick an.

Rechts: Bei einer Wassertemperatur von 25 Grad hielt es Mette-Marit nicht lange am Strand.

»Wie süß sie ist!«

»Faantaastisch!«
Mette-Marit beim
Sonnenbaden
am Strand.

In dieser Zeit war das Stirnband Mette-Marits Erkennungszeichen.

Unten: Mette-Marit verbrachte bei 30 Grad im Schatten und wolkenlosem Himmel eine wunderschöne Woche auf der griechischen Insel Samos.

Links: Mette-Marit und ihre Freundin saßen oft in Straßencafés und spielten Karten und Backgammon.

»Das war megatoll!«

Kapitel 5

»Ausagierendes Feiern«

Mette-Marits erste große Liebe war

ein zwei Jahre älterer junger Mann aus Kristiansand. Sie war gerade aus Australien zurückgekommen und ging das zweite Jahr in die Kathedralschule, als sie sich bis über beide Ohren in den netten und geistreichen Mann mit den intellektuellen Interessen verliebte. Er las Gedichte und Romane, die nur selten aus Kiosken oder Buchklubs stammten. Und er beschäftigte sich eingehend mit dem flippigen Jazzpropheten Jack Kerouac und nicht zuletzt mit dem Kifferautor Hunter S. Thompson, der vor allem durch den Roman »Fear and Loathing in Las Vegas« und seine völlig neue Art, über Politik zu schreiben, bekannt wurde. Ihr Freund studierte Ökonomie an der Hochschule in Agder, war jedoch in seiner Freizeit bei weitem aktiver. Vor allem engagierte er sich für *Blæsen*, ein lokales Orchester, das allerdings auch als Vorwand für diverse Feten diente. *Blæsen* spielte an jedem 17. Mai, dem norwegischen Nationalfeiertag, im Bürgerzug, veranstaltete eigene Konzerte und sorgte für die Musik, wenn Freunde des Orchesters heirateten und Weihnachtsmärkte eröffnet wurden.

Mette-Marits Freund spielte selbst kein Instrument, war aber viele Jahre lang Leiter des gesamten Orchesters, Chef aller Festlichkeiten und Mädchen für alles. *Blæsen* war ein lustige Truppe, die aufs Feiern ebenso großen Wert legte wie aufs Proben. Es gab Kennenlern-Partys, Kneipentouren, Weihnachtsbier-Verkostungen, Weihnachtsbier-Verabschiedungen und so weiter. Das Honorar für die Auftritte bestand meistens in freien Getränke in einem Lokal oder ein paar Kästen Bier. Jedes Quartal erschien das Vereinsblatt *Blæsen-Bulletin*, mit Mette-Marits Freund als schreibgewandtem und eifrigem Mitautor. In der Weihnachtsausgabe 1992 schrieb er über die Weihnachtsbier-Verkostung.

»Yes, wieder einmal kam Blæsen ohne allzu große Schäden durch die Weihnachtsbier-Verkostung. Neun Weihnachtsbiersorten waren in diesem Jahr vom Chef der Bar beschafft worden, und alle wurden sie von gut zwanzig getreuen Blæsen-Mitgliedern genauestens getestet. Dieses selbstredend nach bestem Vermögen oder Mangel desselbigen. Wie immer war niemand betrunken, und alle waren sich einig über nichts.«

Wenn Mette-Marit ihren Schultag in der Kathedralschule hinter sich hatte, fuhr sie meistens direkt zu ihrem Freund nach Hause. Er teilte sich mit zwei Freunden eine Wohnung im Zentrum von Kristiansand. Die Wohngemeinschaft war ein berüchtigter Ort für »Nachspiele«, die Feiern nach den Feiern, und die Beschwerden aus der Nachbarschaft waren bald ebenso zahlreich wie die Feten. In dieser Zeit rauchte Mette-Marit wahrscheinlich zum ersten Mal Haschisch. Ihr Liebster und dessen Freunde waren eifrige Cannabiskonsumenten, und der Joint machte zu jeder Tages- und Nachtzeit die Runde. Die Wohnung war in gewissen Kreisen als »Haschhöhle« bekannt, und alle, die Lust auf den einen oder anderen Zug hatten, schauten vorbei. Mette-Marit war keineswegs die eifrigste. Sie ergriff nie die Initiative, um »eine Tüte zu bauen«, aber inhalierte, wenn der Joint herumging. Sie fand, dass ihr Liebster zu sehr auf verbotene Stoffe stand, und bat ihn mehrmals, etwas kürzer zu treten. Es half nichts. Ihr Freund sah sich als Alternativen, einen Typ, der Hasch als Teil seines eigenen künstlerischen Projekts rauchte. Mette-Marit war verliebt und sah seinen Lebensstil anfangs durch die rosarote Brille.

Gewisse Ereignisse führten dazu, dass das Paar auseinander driftete. Er und Mette-Marit blieben noch ein paar Monate zusammen, bis sie sich einvernehmlich trennten.

Für Ricky, wie wir ihn in diesem Buch nennen wollen, ist das Leben Schritt für Schritt bergab gegangen. Er hat es nie geschafft, vom Drogenmissbrauch mit immer stärkeren Stoffen wegzukommen. Heute ist er dreißig Jahre alt, Sozialhilfeempfänger und drogensüchtig. In den letzten Jahren hat er an verschiedenen Stellen der Stadt gewohnt, immer dort, wo ihm die Stadtverwaltung ein Dach über dem Kopf verschaffen konnte. Jetzt hat er eine winzigen Bude in einem kommunalen Miethaus mitten im Zentrum. Das Zimmer hat fünf, sechs Quadratmeter, eine Schlafcouch und einen Tisch. Er besitzt weder Fernseher noch Stereoanlage, die Wände sind kahl und schmucklos. Nicht einmal ein Familienfoto gibt es hier. Ein kleiner Kleiderschrank in der Ecke enthält einige wenige Kleidungsstücke. Toilette und Dusche teilt er sich mit den anderen Bewohnern. Viele von ihnen gehören zu dem stark drogenbelasteten Milieu in Kristiansand.

Ricky ist bei der Polizei kein Unbekannter. Es sind zumeist kleine Drogenvergehen, Verurteilungen in Fällen, bei denen die Polizei den Mann durchsuchte und Stoff für den Eigenbedarf bei ihm fand. Im Sommer hielt er sich oft auf dem *Syretoppen* im Erholungsgebiet Baneheia auf, einem Ort, der landesweit bekannt wurde in Verbindung mit dem grausamen Doppelmord.

Zweimal wurde er zum Verhör im Baneheia-Fall vorgeladen.

Und die Polizei erwog ernsthaft, ihn in Untersuchungshaft zu nehmen.

»Das war die Hölle. Ganz sicher das Schlimmste, was ich je erlebt habe. Die Polizei schien wirklich zu glauben, dass ich diese Morde begangen hätte. Als ich zum zweiten Mal von uniformierten Polizisten zum Verhör abgeholt wurde, bekam ich fast Panik. Meine Nerven haben viele Jahre lang blank gelegen – und besonders das zweite Verhör war eine ungeheure Belastung«, sagt Ricky.

Mehr als zehn Jahre Drogenmissbrauch haben deutlichen Spuren hinterlassen. Besondere Schwierigkeiten bereitet ihm sein Gedächtnis. Er kann sich an die unglaublichsten Details erinnern, während er die wichtigsten Dinge vergisst.

»Mette-Marit war ein tolles Mädchen und verdient was Besseres als mich. Jetzt ist sie Kronprinzessin, und ich wünsche ihr viel Glück. Manchmal ist das Leben ziemlich seltsam«, sagt Ricky.

Selbst hat er keine Ambitionen, keine Pläne. Er lebt in den Tag hinein, wie schon seit vielen Jahren.

Ein früherer Studienkamerad von Ricky kann sich gut an das Jahr erinnern, als sich die beiden eine Wohnung teilten – und als Ricky mit Mette-Marit zusammen war. Die beiden alten Kumpel haben schon lange keinen Kontakt mehr.

»Es ist echt schade, dass es so mit ihm gelaufen ist. Ricky ist in meinen Augen immer ein Pfundskerl gewesen. Er hat keinen schlechten Kern. Sein Problem ist der Stoff. Auch als wir zusammen wohnten, kannte er keine Grenzen. Er hat wohl schon immer eine etwas fatalistische Einstellung zum Leben gehabt«, sagt der frühere Kommilitone.

Anfang der 90er-Jahre war die damals fast kahl geschorene Mette-Marit bis über beide Ohren in Ricky verliebt. Diese Bilder entstanden in seiner Wohnung – wo Mette-Marit in jener Zeit meistens wohnte.

Er lernte Mette-Marit in dem Jahr, als sie mit seinem Zimmergenossen zusammen war, sehr gut kennen.

»Sie hatten eine sehr ernsthafte Beziehung. In der Zeit wohnte Mette-Marit im Prinzip in unserer Wohnung. Die beiden waren einfach wahnsinnig verliebt. Mette-Marit war total fasziniert von ihm – weil er belesen war und zu vielem eine Meinung hatte. Außerdem war er ein hübscher und charmanter Bursche. Viele sahen in Ricky und Mette-Marit das perfekte Paar. Sie ergänzten sich auf eine ganz eigene Art und Weise.«

Ricky hat ein sehr hartes Leben geführt – viele Jahre lang. Zu alten Musikerkollegen von *Blæsen* und früheren Mannschaftskameraden aus dem Fußballverein hat er so gut wie keinen Kontakt mehr. Sein Bekanntenkreis besteht in den letzten Jahren im Großen und Ganzen aus Drogensüchtigen.

Einige haben es geschafft, dem Milieu zu entkommen, und haben Ordnung in ihr Leben gebracht.

Andere sind an einer Überdosis gestorben.

Der Kontrast zwischen ihm und seiner Freundin von vor zehn Jahren könnte nicht größer sein.

Er ist drogensüchtig – sie Kronprinzessin.

Er hängt mit anderen Junkies zusammen – sie verkehrt in der obersten sozialen Schicht.

Er lebt von der Stütze – sie bekommt Apanage, ein Jahresgeld zur standesgemäßen Lebensführung für Mitglieder des Königshauses.

Er hält sich meist in seiner winzigen Bude auf – sie wird nach Skaugum ziehen, dem Wohnsitz der Königsfamilie.

1993 war das anders. Damals lag sie in seinen Armen in einer Wohnung, die er mit zwei Freunden teilte. Sie hätten heute als ganz normale Familie leben können.

Nun werden sie sich wohl niemals wiedersehen.

Ricky und Mette-Marit.

Das Liebespaar von einst.

Nachdem zwischen ihr und Ricky Schluss war, suchte sie sich einen anderem Umgang.

Mette-Marits neuer Freundeskreis bestand im Wesentlichen aus den »coolsten« Typen von Kristiansand. Sie trugen den letzten Schrei, hörten die richtige Musik und liebten Partys. In dieser Clique fand Mette-Marit ihren nächsten Freund. Er war bekannt in der Stadt, jung, erfolgreich, mit viel Geld. Das Verhältnis kühlte beträchtlich ab, als er wegen Tätlichkeiten gegen eine Exfreundin für 60 Tage ins Gefängnis musste. Kurze Zeit später waren Mette-Marit und der Mann nicht mehr zusammen.

In den Jahren 1993 und 1994 wurde viel gefeiert. Ein paar, die damals zu der Clique gehörten, erzählen heute, dass die Feten ohne Unterbrechung mehrere Tage dauerten – und dass dabei nicht nur Alkohol floss. Kristiansand ist einer der Umschlagplätze für Drogen in Norwegen – und viele Jugendliche konnten der Versuchung nicht widerstehen.

Ein sieben Jahre älterer Mann aus Kristiansand feierte in jenen Tagen oft mit Mette-Marit. Eine Zeit lang waren sie auch mehr als nur gute Freunde.

»Wir waren eigentlich eine richtige Jugendclique und hatten eine Menge Spaß. Mette-Marit war bei den Feten fast immer dabei. Sie war in vielerlei Hinsicht wie ein Junge. Sie war offen und arglos. Eigentlich natürlicher als viele der anderen Mädchen in der Clique. Gleichzeitig war sie bei jedem Spaß dabei. Sie war sehr beliebt bei den Jungs«, erklärt er und fügt hinzu, dass sich viele von damals fragen, ob sie die Rolle der Kronprinzessin wirklich ausfüllen kann.

»Aber auch Mette-Marit ist wohl älter und reifer geworden«, meint er.

Viele Exfreunde beschreiben sie außerdem als Mädchen mit einem starken Bedürfnis nach Nähe und Geborgenheit. Nach außen wirke sie still und ruhig, aber unter vier Augen zeige sie ihr wahres Ich. Da komme das Temperament durch.

Während seine Exfreundin Kronprinzessin wurde, lebt Ricky in einer winzigen Bude in einem kommunalen Mietshaus im Zentrum von Kristiansand.

Eine leicht beklei-
dete Mette-Marit
in Partylaune
mit einer Freun-
din auf der Tanz-
fläche. Mitte
(Button): Mette-
Marit schuldet
mir 1 200 Kronen.

Das Trendmagazin
Natt og Dag
druckte im Herbst
2000 einen Button
mit folgendem
Text: »Mette-Marit
schuldet mir 1 200
Kronen.« In Oslos
Nachtleben sind
»1200 Kronen«
meist die
Umschreibung für
ein Gramm Kokain.

Sobald Mette-Marit das Gymnasium abgeschlossen hatte, ging die »Rødruss-Zeit«, die Zeit der ausgelassenen Abiturfeiern, in vollen Zügen weiter. Einige Wochen zuvor hatte sie einen Mann kennen gelernt, der bedeutend älter war als sie, und er schlug Mette-Marit vor, zu ihm in seine Dreizimmerwohnung nach Lillestrøm zu ziehen. Und das junge Mädchen zog tatsächlich zu ihm. Das Verhältnis sollte etwa ein Jahr dauern – eine Zeit ausschweifender Partys. Der neue Freund war damals bereits ein Veteran in der norwegischen Houseszene. Ständig war er auf so genannten Warehouseparties, wo große Lagergebäude zu Partylocations umfunktioniert wurden, und im Nachtklub *Kristiania* anzutreffen. Von Zeit zu Zeit nahm er Jobs als DJ an.

Er lebte auf großem Fuß, und seine Freunde und er hatten offensichtlich stets die Taschen voller Geld. Er strotzte nur so vor Selbstvertrauen und kleidete sich immer nach der neuesten Mode. Er hatte unterschiedliche Jobs gehabt und eine eigene Firma betrieben, aber als Mette-Marit auftauchte, zählte nur noch sie.

Der Mann war total in Mette-Marit verknallt. Er sagte ihr, dass sie die Liebe seines Lebens sei und er alles für sie tun würde – Worte, die Musik in den Ohren eines jungen Mädchens sind, noch dazu wenn sie von einem der »coolsten Typen« Ostnorwegens kommen. Zu Beginn ihrer Beziehung war auch Mette-Marit rasend verliebt und glücklich. Sie hatte das elterliche Nest in der südnorwegischen Stadt verlassen und war »erwachsen« geworden. Ihr Freund hatte Lebenserfahrung, Ansehen und Geld. Das Zusammenleben mit diesem Mann war wahrscheinlich die Zeit der ausschweifendsten Feten in ihrem Leben. Alltag und Wochenende gingen ineinander über. Mette-Marit probierte verschiedene Rauschmittel, unter anderen auch Ecstasy.

Ecstasy begann als »harmlose« Partydroge, die meisten wurden sich jedoch bald über die Nebenwirkungen klar. Die kleine Pille bringt die Leute dermaßen zum »Abheben«, dass viele Probleme haben, wieder zu landen. Zahlreiche Betten in den Psychiatrien des Landes sind belegt mit ganz normalen Jugendlichen, die Ecstasy genommen und dann die Kontrolle verloren haben. Wer häufig und über lange Zeit Drogen nimmt, hat meistens auch Schwierigkeiten mit dem Erinnerungsvermögen und der Konzentrationsfähigkeit.

Ecstasy wirkt unter anderem oft so, dass die Leute stundenlang auf der Tanzfläche bleiben können. Jeder reagiert anders auf Drogen. Die Faustregel besagt, dass dieses Rauschmittel den Sinneszustand verstärkt, in dem man sich gerade befindet. Ist man glücklich, wird man noch glücklicher. Ist man bedrückt oder traurig, wird man noch deprimierter.

Viele von denen, die Mette-Marits Lover werden sollten, schmissen auch gerne Säure (LSD) oder aßen Pilze (*Magic Mushrooms* mit stark halluzinogenen Wirkungen). Eine andere Gemeinsamkeit ihrer Exfreunde besteht darin, dass die meisten bei der Polizei kein unbeschriebenes Blatt sind. Die Vergehen reichen vom Fahren unter Drogeneinwirkung über den Besitz von und den Handel mit Stoff bis hin zu Gewaltdelikten.

Weder Mette-Marit noch ihr Freund zogen die Bremse. Im Sommer waren sie in Kristiansand, um Mette-Marits Familie und Freunde zu besuchen. Alte Bekannte fanden, dass Mette-Marit sich verändert hatte, nicht nur was ihre Frisur betraf, sondern auch in ihrem Verhalten.

Nachdem die beiden ein Jahr zusammengelebt hatten, fand Mette-Marit, dass es Zeit sei, an ihre Ausbildung zu denken und ein paar schlechte Gewohnheiten abzulegen. Sie wollte auf das Privatgymnasium Bjørknes in Oslo gehen. Bjørknes ist eine Privatschule, an der die Schüler nur ein Ziel haben: ihre Zensuren zu verbessern. Im Laufe der Zeit hat eine ganze Reihe von prominenten Schülern Bjørknes besucht, darunter auch Königin Sonja und Prinzessin Märtha Louise. Mette-Marits Abitur an der Kathedralschule war eher mittelmäßig, und wenn sie weiterkommen wollte, brauchte sie bessere Zensuren. Außerdem hatte sich das Verhältnis zu ihrem Lover abgekühlt. Sie machte Schluss.

Der Mann war vor Liebeskummer untröstlich, als sie die Koffer packte und auszog. Er flehte und bat und versprach, dass alles anders werden würde. Er würde kür-

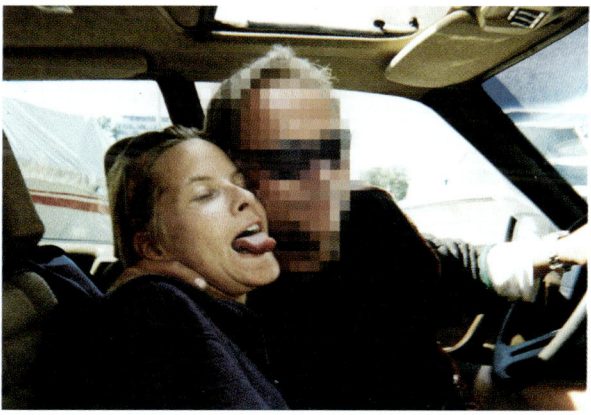

Gut ein Jahr war sie mit einem 15 Jahre älteren Mann aus Ostnorwegen zusammen. Es waren sicher die ausschweifendsten zwölf Monate ihres Lebens. Als sie Schluss machte, war der Mann untröstlich. Später zeigte die Kronprinzessin den Mann an, wegen Telefonterrors und weil er sie mit einem Messer bedroht hatte.

zer treten, und sie würden wieder neu zueinander finden. Aber Mette-Marit hatte eine endgültige Entscheidung getroffen und zog bei einer Freundin im Osloer Stadtteil Grünerløkka ein.

Über Wochen und Monate stellte ihr der Exfreund nach, per Telefon oder auch in Lokalen, in denen sie verkehrte. Völlig unangemeldet stand er manchmal vor ihrer Haustür. Er bat sie auf Knien zurückzukommen. Aber für Mette-Marit war das Kapitel beendet. Bald sollte er andere, beängstigendere Methoden anwenden. Er rief sie zu jeder Tages- und Nachtzeit an und bedrohte sie.

Es war der reine Telefonterror.

Mette-Marit bekam nun wirklich Angst vor ihrem Exfreund. Ihre Freunde baten sie, den Telefonterror bei der Polizei anzuzeigen, und das tat sie.

Aber es sollte noch schlimmer kommen. Viel schlimmer.

Als er merkte, dass sie ihn angezeigt hatte, wurde er richtig brutal. Mit einem Messer bewaffnet, stellte er sie auf offener Straße! Eine weinende Mette-Marit rannte in Todesangst den Akersbakken in Oslo hinab, dicht auf den Fersen der Exfreund mit gezücktem Messer. Mit knapper Not entkam sie ihm. Noch am gleichen Tag erstattete sie Anzeige. Die Polizei nahm den Mann fest und stellte ihn für 24 Stunden unter Arrest. Am darauf folgenden Tag wurde er verhört. Die Polizei behandelt Anzeigen dieser Art mit großem Ernst und stellt gründliche Nachforschungen an. Dennoch wurden die Ermittlungen in beiden Fällen aufgrund der »Beweislage« eingestellt.

In den Tagen vor der Hochzeit geriet der Mann aus Lillestrøm wieder ins Blickfeld. Schon längere Zeit kursierten Gerüchte, dass er umfangreiches Bild- und Videomaterial von seiner Exfreundin besäße. Über seine Anwältin Gunhild Lærum bestätigte er diese Informationen gegenüber *Dagbladet* und dem Staatlichen Norwegischen Rundfunk NRK. Aber er bestritt heftig, dass das kompromittierende Material zum Verkauf stehe. Das entspricht jedoch nicht den Tatsachen.

In den Wochen vor der Hochzeit war der wegen Drogen- und Gewaltdelikten vorbestrafte Mann aus Lillestrøm bereit, die intimen Fotos und Videos an eine Gruppe sehr reicher Leute zu verkaufen. Ein Anwalt, der diesen betuchten Personenkreis vertrat, traf Mette-Marits Exfreund in einem Hotelzimmer in Lillestrøm, wo das brisante Material vorgelegt wurde.

Der Mann verlangte acht Millionen Kronen (rund 1 Million Euro) für sein »privates Archiv«. Bedingung für den Verkauf war, dass das gesamte Material im Beisein aller Beteiligten vernichtet werden sollte. Die Verhandlungen dauerten mehrere Tage. Da der Mann aus Lillestrøm einfach zu viel Geld verlangte, wurden die Verhandlungen schließlich abgebrochen.

Ein Vertreter der finanzstarken Gruppe, die mit dem Mann verhandelt hatte, nahm einige Tage vor der Hochzeit Kontakt zu Ministerpräsident Jens Stoltenberg auf und unterrichtete ihn in dieser Angelegenheit. Stoltenberg kontaktierte wiederum König Harald. Und nach lebhaften Krisensitzungen wurde beschlossen, dass es das Beste wäre, wenn Mette-Marit selbst an die Öffentlichkeit ginge und dem norwegischen Volk von ihrer ausschweifenden Vergangenheit erzählte. So kam es, dass die Kronprinzessin am 22. August – nur drei Tage vor der Hochzeit – bei der Pressekonferenz im Schloss die versammelten Medienvertreter schockierte, als sie über ihren »Jugendaufruhr« berichtete.

So viel zu dem Mann aus Lillestrøm …

Eine neue Bekanntschaft, die während des *Quart-Festivals* 1994 entstand, sollte für Mette-Marit wichtig werden. Ihr damaliger Freund hatte sie bei einem Konzert der bahnbrechenden Techno-Gruppe *The Orb* einem DJ vorgestellt. Die Männer kannten sich gut aus der Osloer Houseszene, aber der DJ sah Mette-Marit zum ersten Mal. Ein paar Jahre später war er beim *Quart-Festival* DJ auf der Levi's-Party in der *Benediktsbukta*. Das Fest des Jeansfabrikanten war von jeher einer der Höhepunkte des Festivals. Hier trafen sich die Coolsten der Coolen bei donnernder Housemusik und billigem Fusel. Und hier trafen sich auch der DJ und Mette-Marit wieder, sie kamen ins Gespräch und wurden sich einig, in Kontakt zu bleiben. Der 33-Jährige war in den neunziger Jahren einer der angesagtesten DJs Norwegens. Einen Sommer spielte er auf der wilden Insel Ibiza und betrieb einen Nachtklub mit einem Mann, der später eine zentrale Rolle in Mette-Marits Leben spielen sollte: Morten Borg. Ihr Nachtklub lief gut, noch besser liefen ihre Partys.

In diesen Jahren lernte der DJ die Techno-Supergruppe *The Prodigy* kennen, und im folgenden Sommer besorgte er auf der Europatournee der Band das Warm-up. Es wurde ein Sommer, in dem alle Künstlerklischees bedient wurden – Sex, Drugs and Rock 'n' Roll. Mette-Marit verliebte sich in ihn, als er im inzwischen stillgelegten Nachtklub *Pure* in Oslo auflegte. Sie und eine Freundin tanzten sehr auffällig direkt vor ihm, und er erinnerte sich an Mette-Marit vom *Quart-Festival* jenes Sommers. Er musste sie nicht zweimal bitten. Anfangs hielten sie ihre Beziehung sehr geheim. Nur wenige im Freundeskreis wussten, dass sich das Paar regelmäßig traf. Viele Monate ging das so, mit mehreren Unterbrechungen.

In dieser Zeit hatte sie keine feste Beziehung, aber eine Reihe Freunde. Manche mochte sie mehr als andere, und einer von ihnen war Morten Borg. Um Ostern 1996 verbrachten die beiden einige Zeit miteinander. Das sollte das Leben beider radikal verändern.

Morten Borg war auf Verkaufstour in Westnorwegen. Er arbeitete als Anzeigenverkäufer bei *Publishing,* einer Firma, die Annoncen für Telefonbücher vertrieb. Sein Handy klingelte. Er hörte sofort, wer es war. Nicht weil er sie so gut kannte, und noch viel weniger, weil er wusste, warum sie anrief. Aber ihr charakteristischer Dialekt war unverwechselbar.

»Du wirst Papa!«, sagte die Stimme am anderen Ende der Leitung.

Der werdende Vater bekam einen Schock.

Morten Borg ist im Osloer Stadtteil Bygdøy geboren und aufgewachsen. Seine Eltern bewohnten ein Haus in einer Straße, die von Immobilienmaklern kürzlich zu Norwegens exklusivster Adresse gekürt wurde. Morten wuchs in einem bürgerlichen Zuhause mit zwei Geschwistern auf. Wie die meisten Bygdøy-Familien standen auch die Borgs sehr auf Natur, Wasser und Sport. Morten spielte wie alle anderen Familienmitglieder Federball. Vom 7. bis zum 15. Lebensjahr spielte er aktiv, mit einem 3. Platz bei den Norwegischen Meisterschaften als bester Platzierung. Und wie die meisten Jungen spielte er Fußball, und zwar vom 12. bis zum 16. Lebensjahr für den *Bygdøy Ballklubb.*

Schulkameraden beschreiben ihn als einen unbändigen, aber fröhlichen Jungen. Und Freunde berichten von einer Familie, die den Wassersport über alles liebte. Familie Borg hat immer ein Boot besessen und alle Wochenenden und Ferien auf dem Wasser oder in der Hütte bei Nøtterøy verbracht.

Morten Borg hat sich in der Schule nie so ganz zurechtgefunden. Es gab viele »Dummejungenstreiche«, und nach der 8. Klasse an der Ruseløkka-Schule versuchte man, ihm ein neues Umfeld zu geben. Das letzte Jahr der Mittelschule verbrachte er deshalb an der Øraker-Schule. Nach einem kurzen Aufenthalt an der Volkshochschule in Voss entschloss er sich, direkt ins Berufsleben zu gehen. Bereits mit 16 oder 17 Jahren bekam Morten Borg seinen ersten Job – in der Boutique L'UOMO in Oslo. Und an den Abenden arbeitete er als Garderobier – und später als Türsteher – im *Fun Pub* in der Karl Johan Gate.

In diesen trendigen und jugendlichen Kreisen waren Drogen mindestens ebenso normal und akzeptiert wie Alkohol. Man rauchte Haschisch und probierte Kokain. Man war nicht »cool«, wenn man nur von Bier berauscht war. Aber wenn man high von Koks war, stand man hoch im Ansehen. 1985, erst 17 Jahre alt, wurde Morten Borg zum ersten Mal mit Drogen aufgegriffen. Er bekam eine Geldbuße für den Verkauf einer kleinen Menge Haschisch.

Morten Borg machte weiter in verschiedenen Verkäuferjobs und arbeitete als freier Fotograf. Er führte die Kamera bei *Den glade kjøkken* (Die fröhliche Küche)

mit dem Promikoch Arne Gjermstad auf TVNorge und war übrigens der erste Pizzabäcker bei *Pizza Ekspressen*.

Obwohl er gut verdiente, rann ihm das Geld nur so durch die Finger. Es ging drauf für Partys, Spaß und Stoff, vor allem aber für Kokain. Doch am 19. Mai 1991 schnappte die Falle zu. Vier Tage später konnte *Dagbladet* mit riesigen Lettern die erste wirklich große Beschlagnahmung von Kokain in Norwegen melden: »*POLIZEI STÜRMTE KOKAINPARTY. Ein Fotomodell, eine bekannte Fotografin, ein Journalist und ein Handelsvertreter sind unter den sieben Beschuldigten, die verhaftet wurden, als die Polizei am ersten Pfingstfeiertag eine Wohnung in Oslos vornehmstem Westbezirk stürmte.*« Der »Handelsvertreter« war Morten Borg. 70 Gramm Kokain und Utensilien zur Einnahme wurden beschlagnahmt, eine Drogenmenge, deren Wert damals auf 175 000 Kronen (22 500 Euro) geschätzt wurde. Alle gehörten zu den so genannten Yuppiekreisen in Oslo, und mehrere haben »zeitweise Umgang mit Prominenten gehabt«. Harald Normann, amtierender Chef der Drogenabteilung, berichtete damals über die umfassende Beschlagnahme von Rauschgift. Heute ist Normann Chef der Polizeieskorte, die für die Sicherheit der Königsfamilie verantwortlich ist.

Nach ihrem Osloer Konzert im Sommer 1991 verliebte sich Grace Jones in Morten Borg. Der amerikanische Superstar nahm den hübschen jungen Mann mit auf Tournee.

In den folgenden Tagen wurde um diese Yuppiekreise, die angefangen hatten, Kokain zu nehmen, viel Staub aufgewirbelt. Und am 12. Juni schlug *Dagbladet* wieder zu!

Popstar Grace Jones feierte hemmungslos in Oslo: INTIME PARTY MIT BESCHULDIGTEM IM KOKAIN-FALL. *Der Megastar ist mitten in einem norwegischen Kokain-Fall gelandet. Auf Fotos liegt sie – im schicken Nerzpelz – in den Armen des 21-Jährigen, wegen Drogen angeklagten Norwegers, der nach Ansicht der Polizei eine zentrale Rolle in einem größeren Kokainring spielt. Nach den Informationen, die*

Dagbladet vorliegen, stammen die Fotos von einer Privatfeier im Anschluss an einen äußerst erotischen Auftritt von Grace Jones in Oslo.

Der 21-Jährige war Morten Borg. Grace Jones, der damals 37 Jahre alte US-Superstar, verliebte sich mit Haut und Haar in den blonden Norweger, als sie nach dem Konzert zum »Nachspiel« bei jungen Leuten aus den feinen Vierteln im Westen Oslos eingeladen wurde. Die Party dauerte bis weit in den nächsten Tag hinein. Im Laufe der Nacht wurden einige Bilder von den beiden Turteltauben gemacht, darunter eins, das *Dagbladet* als »äußerst intim« umschreibt. Nach der Party nahm der Superstar den jungen Mann mit auf ihr Hotelzimmer. Später am Tage schlug sie ihm vor, mit ihr nach Stockholm zu kommen, wo sie das nächste Konzert ihrer Tournee hatte.

Und schon am darauf folgenden Tag ging die Fahrt weiter nach Helsinki. Freunde von Morten Borg erzählen, Grace Jones hätte so Feuer gefangen, dass sie ihn auch mit Paris und auf die noch verbleibende Europareise mitnehmen wollte. Aber als Helsinki gelaufen war, reichte es dem 21-Jährigen. Nach drei oder vier wilden Tagen war er völlig am Ende und wollte nur noch nach Hause und ausschlafen …

Von den Drogen ließ er aber trotzdem nicht. Im Herbst 1991 wurde er zu zwei Jahren und sieben Monaten Gefängnis wegen des Besitzes von 130 Gramm Kokain verurteilt.

Als Grace Jones ein paar Jahre später wieder ein Konzert in Oslo gab, rief sie zwischen zwei Songs von der Bühne nach ihm: »Morten – where are you!!??«

Nachdem die Partydroge Ecstasy in den hippen Kreisen von Oslos vornehmem Westen im Laufe der neunziger Jahre immer populärer wurde, verliefen auch die ausschweifenden Partys immer wilder. Der beliebteste Treffpunkt der Partylöwen war der Nachtklub *Kristiania*. Hier kam man leicht an Stoff heran, und hier trafen und produzierten sich die »richtigen« Leute. Morten Borg und auch Mette-Marit Tjessem Høiby sind jahrelang im *Kristiania* ein und aus gegangen. Sie kannten sich nicht besonders gut, hatten jedoch beide VIP-Karten und grüßten sich, wenn sie sich sahen.

Um Ostern 1996 passierte dann, was das Leben der beiden völlig verändern sollte. Mette-Marit war gerade in eine WG in der Collets gate gezogen, wo sie mit drei anderen – zwei jungen Männern und einer jungen Frau – zusammenwohnte.

Zu der Zeit besuchte sie die Bjørknes-Privatschule in Oslo. Im Frühsommer bemerkte sie Veränderungen an ihrem Körper. Sie ging zum Arzt und bekam die Bestätigung: Sie war schwanger!

Was sollte sie tun?

Die Schwangerschaft schlug im Freundeskreis ein wie eine Bombe. Als Mette-Marit sagte, dass sie das Kind austragen werde, stieß sie auf große Skepsis. Einige waren überrascht, andere geradezu wütend. Viele schlugen ihr eine Abtreibung vor, weil sie nicht mit Morten Borg liiert war. Sie stand an einem Scheideweg und kehrte die Høiby'sche Sturheit hervor. Sie traf eine Entscheidung fürs Leben.

Es bestand kein Zweifel, wer der Vater war. Mette-Marit wusste, es war Morten Borg. Obwohl sie ihn nicht gesehen hatte, seit sie seine Wohnung im Osloer Stadtteil Bislett verlassen hatte. Sie ließ drei Monate vergehen, bis sie sich entschied, ihn per Handy zu benachrichtigen.

Morten Borg brauchte einige Zeit, um sich von der Schockmeldung zu erholen. Jetzt schon Vater zu werden passte überhaupt nicht seine Pläne. Nachdem er seinen Auftrag im Raum Stavanger erledigt hatte, fuhr er nach Oslo zurück. Er nahm Kontakt zu Mette-Marit auf, und sie trafen sich, um die Situation zu besprechen. Mama Marit daheim in Kristiansand wurde hinzugezogen, und gemeinsam entschieden sie, dass sie mit der neuen Situation fertig werden wollten. Marit versprach, als Oma helfend zur Seite zu stehen, was sie auch wirklich tat. Zeitweise sind sie und ihr Ehemann Rolf Berntsen Ersatzeltern für Marius gewesen.

Morten setzte das Leben in Saus und Braus fort und wechselte ständig die Arbeitsstellen. Mette-Marits Bauch wuchs und wuchs. In den letzten Monaten der Schwangerschaft jobbte sie als Bedienung im Restaurant *Beach Club* auf Aker Brygge in Oslo. Ihr Arbeitgeber ließ sie in jener Zeit bei sich wohnen.

In der Nacht zum Montag, dem 13. Januar 1997, begannen die Wehen. Der werdende Vater wurde alarmiert, und gemeinsam fuhren die beiden zum Aker-Krankenhaus in Oslo. Am Nachmittag wurde der kleine Marius geboren. Die stolzen Eltern konnten sich über einen gesunden Jungen freuen.

Mette-Marit und das Baby hatten im Grunde genommen kein Dach über dem Kopf. Deshalb sagte die junge Mutter schnell zu, als eine Freundin ihr ein Zimmer in ihrer Wohnung in der Collets gate anbot. Die ersten sechs Monate vergingen wie im Fluge. Mette-Marit lebte rund um die Uhr nur für und mit ihrem kleinen Herzensbrecher. Papa Morten schaute ab und zu vorbei, aber in der ersten Zeit gab es noch keine feste Besuchsregelung.

Im Frühjahr wurde Marius in der Lund-Kirche zu Kristiansand getauft. Gemeinsam mit Mutter und Vater nahm Morten Borg an diesem Sonntag die Morgenmaschine nach Südnorwegen.

Nach der Entbindung lebte Mette-Marit eine Zeit lang ohne festen Freund. Aber als der Sommer kam, wurde sie abermals von Amors Pfeil getroffen. Sie verliebte sich in einen zehn Jahre älteren Osloer, der sich als DJ und »Lebenskünstler« durchschlug. Die

beiden lebten fast ein Jahr lang zusammen. In dieser Zeit war Marius oft bei den Groß-
eltern in Kristiansand. Mette-Marit belegte den Studienvorbereitungskurs *examen phi-
losophicum*, fest entschlossen, an der Universität Oslo zu studieren. Als die Beziehung
im Frühjahr 1998 zu Ende war, entschloss sie sich, zurück nach Kristiansand zu ziehen.
Vor allem Klein Marius wegen. Er sollte nicht in der Hauptstadt aufwachsen. Der DJ
von damals hat inzwischen in eine der reichsten Familien Norwegens eingeheiratet.

Im Sommer 1998 nahm Mette-Marit Kurs in Richtung Heimat – mit einem neuen
Freund, mit dem sie ein paar Jahre zuvor eine Romanze gehabt und seitdem Kontakt
gehalten hatte. Das Paar zog mit Marius in eine kleine Kellerwohnung im Kuholmsvei
in Kristiansand, nur einen Steinwurf von Marit Tjessem und Rolf Berntsen entfernt.
Ihr Lover arbeitete als DJ im beliebten Nachtklub *Markens*. Kurz vor Weihnachten
ging die Beziehung jedoch in die Brüche, und der DJ zog zurück nach Oslo.

Im dem Sommer wurde Morten Borg mit 50 Gramm Kokain geschnappt. Als der
Fall fast drei Jahre später vor Gericht kam, sorgte er in der Zeitung *VG* für Schlagzeilen. Die Romanze zwischen Mette-Marit und Haakon war inzwischen längst bekannt, und die Zeitung schrieb, dass die Verteidigung Borgs enges Verhältnis zu
Mette-Marit als Argument nutzte, um den Ausschluss der Öffentlichkeit zu beantra-
gen. Dem Antrag wurde schließlich stattgegeben. Borg kam mit 240 Stunden gemeinnütziger Arbeit davon. Dass Morten Borg ein so mildes Urteil bekam, war der
Tatsache zu verdanken, dass er etwas mehr Ordnung in sein Leben gebracht hatte. Er
hatte inzwischen eine feste Arbeit und einen guten Leumund – und er hatte eine feste
Besuchsregelung für seinen Sohn Marius. Berücksichtigt wurde auch, dass eine unge-
bührend lange Zeit zwischen dem Vergehen und der Gerichtsverhandlung verstrichen
war, und nicht zuletzt, dass er in der Zwischenzeit in keinerlei Straftaten verwickelt
war. Die gemeinnützige Arbeit leistete er als Freizeitbetreuer an jeweils zwei Abenden
der Woche im Bjølsen-Freizeitklub in Oslo ab.

Morten Borg arbeitet heute in der Immobilien- und Internetbranche. Er vergöttert
seinen Sohn und ist auch außerhalb der vereinbarten Zeiten für Marius da. Morten
Borg nahm Marius mit zum Segeln, und im Winter 2001 sind die beiden viel Ski gelaufen, besonders in Geilo. Als die Pläne für die Osterferien gemacht wurden, einig-
ten sich Mette-Marit und Morten – als moderne Eltern –, dass es das Beste wäre,
wenn sie am selben Ort Urlaub machten.

Deshalb reisten Morten und seine neue Freundin Ostern 2001 nach Marokko,
damit Marius die Ferien mit Mama und Papa verbringen konnte. Die Bilder von
Kronprinz Haakon und Mette-Marit – er mit freiem Oberkörper und sie im BH –,
wie sie am Strand vor dem Hotel in Ouilidia den Hochzeitswalzer üben, gingen in
den Wochen nach Ostern um die Welt.

*Nächste Doppel-
seite:* Marius
wurde im Frühjahr
1997 in der Lund-
Kirche zu Kristian-
sand getauft.
Von links: Espen
Høiby, Gemeinde-
pastor Odd Bjørn-
sen, Mette-Marit,
Morten Borg, Per
Høiby und Kristin
Høiby Bjørnøy.
Alle Geschwister
von Mette-Marit
waren Paten.

Morten Borg mit dem nur wenige Monate alten Marius auf dem Arm.

Eine stolze junge
Mutter mit dem
vier oder fünf
Monate alten
Marius im Arm.

Es ist nicht das erste Mal, dass Morten Borg Kontakt mit der Königsfamilie hat. Sein älterer Bruder heiratete vor fünf Jahren die steinreiche Tochter eines Reeders. Die Patentante der Braut ist Königin Sonja. Als das Paar am Sonnabend, dem 28. September 1996, in der Ullern-Kirche heiratete, waren König Harald und Königin Sonja die herausragendsten Gäste. An diesem schönen Herbsttag begegneten der König und die Königin bei der Hochzeitsfeier im *Holmenkollen Park Hotel* Morten Borg zum ersten Mal. Sie konnten kaum ahnen, dass der blonde junge Mann mit dem festen Händedruck, der Bruder des Bräutigams, ein paar Monate zuvor ihre zukünftige Schwiegertochter geschwängert hatte.

Am Sonntag vor der Kronprinzenhochzeit trafen sich Königin Sonja und Morten Borg bei einer Kindstaufe wieder. Anschließend gab es ein gemütliches Beisammensein bei seinen Eltern Jan und Mette Borg auf Bygdøy. Hier unterhielt sich die Königin lange mit Marius' Vater, und die beiden fanden einen guten Draht zueinander. Als Sonja mit dem kleinen Marius die Gesellschaft verließ, verabschiedete sie sich von Morten Borg mit einer freundlichen Umarmung.

Manche Menschen, die Drogen nehmen, verlieren oft die Kontrolle über sich und ihr Leben, weil sie nie ein geborgenes Leben hatten, in das sie sich zurückziehen könnten. Für die meisten von Mette-Marits Exfreunden ist es gut ausgegangen. Einige haben geheiratet, andere haben Kinder und gute Jobs. Sie waren charakterstark und schafften es, die Party-Aktivitäten herunterzufahren.

Marit Tjessem war sich nicht immer sicher, dass es mit ihrer Tochter ein gutes Ende nehmen würde. Ein paar von Mette-Marits Exfreunden standen bei ihrer Mutter nicht gerade hoch im Kurs.

»Ich war ganz bestimmt kein Schwiegermuttertraum. Ein paarmal waren Mette-Marit und ich zum Essen bei Marit und Rolf eingeladen, aber die Stimmung war nicht besonders gut. Viel aufgesetzte Höflichkeit und oberflächliche Konversation. Mette-Marit und ihre Mutter stritten sich oft am Telefon. Die Mutter meinte wohl, Mette-Marit sollte kritischer sein, sowohl gegenüber ihren Freunden als auch in ihrem Umgangskreis«, sagt einer der Exlover.

Marit Tjessem machte sich sehr viele Sorgen um ihre Tochter. An einem Tag konnte Mette-Marit sich vorstellen, Journalistin zu werden, dann wieder sollte es Sozialarbeit sein. Ihre Mutter und ihr Stiefvater fragten sich, was bloß aus ihr werden sollte.

Eines Tages erzählte Mette-Marit sogar, dass sie Flugbegleiterin werden wolle. Dieser Wunsch wirkt etwas seltsam, nachdem inzwischen bekannt ist, dass die neue Kronprinzessin unter Flugangst leidet. Besonders seit Marius' Geburt hat sie Todesangst vorm Fliegen.

In der Presse ist sehr lebendig beschrieben worden, wie die weinende Mette-Marit bei Flugreisen ins Ausland von Stewardessen getröstet wurde. Unter der Regie der Königsfamilie besuchte sie später zwei Kurse gegen Flugangst. Denn ein wesentlicher Bestandteil ihres zukünftigen Lebens wird darin bestehen, in alle Gegenden der Welt zu fliegen und Norwegen zu repräsentieren.

Mette-Marit hatte immer eine besondere Fähigkeit, ihre Freunde und Familie zu überraschen. Als sie erzählte, dass sie auf die Ingenieurhochschule in Grimstad gehen wolle, waren wieder alle verblüfft. Die Hochschule in Agder hatte 2000 Studenten, verteilt auf die Städte Kristiansand, Grimstad und Arendal. Nach abgeschlossener Ausbildung war man Krankenpfleger, Sozialpädagoge, Lehrer oder Ingenieur. Mette-Marit wollte Ingenieur werden und war eine von 72 Studenten, die im Herbst 1998 in Grimstad anfingen.

Mit den guten Zensuren von Bjørknes hatte sie keine Probleme, angenommen zu werden. Bis zum Juli des folgenden Jahres pendelte sie mit dem Bus zwischen Kristiansand und Grimstad. Zehn Stunden die Woche.

Als Marius anderthalb Jahre alt war, ging er in den Nedre-land-Familienkindergarten und sollte dort auch bis zum Frühsommer 1999 bleiben. Meistens war es »Opi« Rolf Berntsen, der Marius zum Kindergarten brachte und ihn abholte. Er hatte als Rentner Zeit und auch Freude daran, sich mit dem Kleinen zu beschäftigen. Manchmal wurde der Junge auch von Omi Marit abgeholt. Mette-Marit saß zu dem Zeitpunkt meistens in einem schaukelnden Bus zwischen Grimstad und Kristiansand. Aber sie erschien natürlich zu den Elternabenden. Bei diesen Gesprächen erfuhr sie dann, dass Marius sich wohl fühlte und gut mit den anderen Kindern auskam. Hin und wieder war Marius für eine Woche beim Papa in Oslo.

Mette-Marit begann in Grimstad nach der dreistufigen Studienordnung zu studieren. Sie sieht eine dreijährige Ausbildung für diejenigen vor, die am Gymnasium Mathematik und Physik abgewählt haben. Neben Grundkursen in Mathematik, Chemie, Umwelt und Gesellschaft sowie einem Grundkurs im Programmieren musste sie zudem noch die beiden schwierigen Fächer belegen, die sie an der Kathedralschule weggelassen hatte. Das war eine harte Zeit für sie, und dazu kam noch das viele Pendeln und ihre im Vergleich mit den anderen Studenten etwas komplizierte familiäre Situation.

In ihrer Seminargruppe war Mette-Marit die einzige Frau, aber sie hatte kein besonders enges Verhältnis zu ihren Kommilitonen. Ihre Prüfungen aber meisterte sie mit Anstand. Im ersten Jahr bestand sie alle üblichen Fächer. Das Fach Physik, das sie nebenbei belegte, schaffte sie mit Bravour. Die Mathematikprüfung wurde allerdings eine Talfahrt. Mette-Marit war an diesem Tag krank und hatte ein ärztliches Attest, was als entschuldigtes Fehlen gewertet wurde.

In diesem ganzen Jahr sprach Mette-Marit nie über Ziele oder Ambitionen. Ihre Freunde hatten den Eindruck, dass die Tatsache, überhaupt zu studieren, wichtiger für sie war als das eigentliche Studienfach. Niemand im Freundeskreis hörte sie jemals davon reden, dass sie Bauingenieur werden wollte. Sie wollte ein 08/15-Leben mit Mann, Kindern und vielleicht einen kleinen Garten.

Kurz vor dem *Quart-Festival* 1999 war Mette-Marit mit einem der bekanntesten DJs Norwegens liiert. Das Verhältnis war von nur kurzer Dauer, aber beide reden auch heute noch miteinander. Mette-Marit und der Kronprinz sind mehrmals in Osloer Lokalen gewesen, wenn der bekannte DJ auflegte. Er war ihr letzter Freund, bevor sie ihren jetzigen Ehemann traf. Am Hochzeitswochenende hatte der DJ zwei Gigs in Oslo. Und in beiden Ankündigungen wurde darauf angespielt, dass er ein Verhältnis mit der Kronprinzessin hatte. Am Freitag, dem 24. August, spielte er im *HeadOn*. In der Ankündigung stand »Ausschweifende Party mit dem norwegischen Godfather of House«. Und als er am Hochzeitssonnabend im *Barbeint* auflegte, wurde er vorgestellt als »für heute Abend der König vom Drammensveien«.

Neben ihrem kraftraubenden Studium versuchte sie, Marius eine gute Mutter zu sein. Aber ohne die unschätzbare Hilfe von Mutter und Stiefvater wäre es kaum gegangen. Zusätzlich zu Studium und Mutterrolle jobbte Mette-Marit mehrere Abende in der Woche als Kellnerin im Restaurant *Havana* in Kristiansand. Der Inhaber Nils-Erik Egeberg gibt ihr die besten Referenzen:

»Sie war gut ein Jahr hier. Mette-Marit war der Traum aller Arbeitgeber. Aufgeweckt, positiv und nett. Sie war bei den Gästen beliebt und hörte auf eigenen Wunsch auf.«

Gegenüberliegende Seite: Haakon verabschiedet sich von dem kleinen Marius im Beisein von Morten Borg, dessen Freundin und Mette-Marit.

Die familiäre Situation, ihre Partner und ihr Privatleben veranlassten Mette-Marit, ihre Ausbildung abzubrechen – zwei Jahre vor dem Studienabschluss.

Als Bauingenieurin hätte sie Arbeit in einer Stadtverwaltung bekommen, große Wohngebiete planen oder in einem Bauunternehmen anfangen können. So sollte es nicht kommen. Als sie das erste Studienjahr endlich abgeschlossen hatte, waren es nur noch wenige Wochen, bis sie beim *Quart-Festival* ihren zukünftigen Ehemann treffen sollte.

Und das war nicht irgendwer.

Es war Norwegens Kronprinz.

Morten Borg vergöttert Marius über alles auf der Welt.
Vater und Sohn haben ein tolles Verhältnis.

Kapitel 6
Haakon der Gute

Wir drehen die Zeit zurück bis zum *Quart-Festival* 1996. Zwei Dinge beherrschen in der ersten Juliwoche die Nachrichten. Chinas Präsident Jiang Zemin war in Norwegen auf Staatsbesuch gewesen, und *Dagbladet* konnte enthüllen, dass 33 schwer bewaffnete chinesische Sicherheitsbeamte mehrmals kurz davor waren, mit scharfer Munition auf die vielen Demonstranten in gelben T-Shirts zu schießen. Der kulturelle Höhepunkt der Woche war das *Quart-Festival* in Kristiansand. Die wichtigsten Namen des Festivals waren *Massive Attack, Leftfield, Underworld, House of Pain* und *Nick Cave*.

Kronprinz Haakon hatte das Festival schon mehrmals besucht. In diesem Jahr feierte er Königin Sonjas 59. Geburtstag auf dem Landsitz Magerø, bevor er nach Südnorwegen fuhr. Zusammen mit seiner hippen Clique aus Oslo und Bærum, die auf diese Musik stand und sonst Hauptstadtklubs wie das *Kristiania* oder das *Head-On* frequentierte, wollte der Kronprinz das *Quart-Festival* »abchecken«. Haakon wohnte bei seinem Freund Marius Schønfeldt, den er vor ein paar Jahren während seiner Dienstzeit bei der Marine kennen gelernt hatte und der ihn Morten Andreassen vorstellte. Die jungen Männer wollten sich amüsieren und die Mädchen der Region etwas genauer unter die Lupe nehmen.

Morten Andreassen war einer der aktiven Organisatoren des Festivals und zudem ein Freund von »Quart-General« Toffen Gunnufsen.

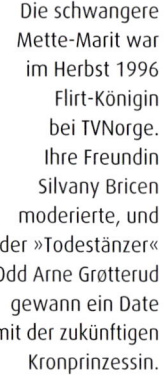

Die schwangere Mette-Marit war im Herbst 1996 Flirt-Königin bei TVNorge. Ihre Freundin Silvany Bricen moderierte, und der »Todestänzer« Odd Arne Grøtterud gewann ein Date mit der zukünftigen Kronprinzessin.

Außerdem hatte er eine bezaubernde Freundin, die Mette-Marit Tjessem Høiby hieß.

Zu diesem Zeitpunkt war sie im dritten Monat schwanger. Als Morten Andreassen sie Haakon vorstellte, entstand sofort eine interessante Stimmung zwischen ihnen. Haakon gefiel, was er sah und was er sie sagen hörte. Die letzten drei Tage des Festivals hingen die beiden rund um die Uhr zusammen. Es wurde eine kurze, aber äußerst heftige Sommerromanze. Die wenigsten wussten oder erfuhren von ihrer intensiven Begegnung. Mette-Marit ist diskret, bei ihr gab es kein *kiss and tell* – sie ist keine Klatschbase. Nur die Familie und ihre engsten Freunde erfuhren vom Sommerflirt mit Haakon.

Es sollte eine lange Zeit vergehen, bevor sie sich wiedersahen.

Haakon hatte beschlossen, im Ausland zu studieren. Er entschied sich für die University of California in Berkeley bei San Francisco. Nichts in der Welt deutete darauf hin, dass aus diesen beiden irgendwann einmal ein Paar werden sollte. Während Haakon in den USA war, schrieb er oft an die Freunde zu Hause und bat sie, Mette-Marit zu grüßen. Er hatte sie nicht vergessen.

Im Herbst 1996 wurde Mette-Marits Bauch immer runder. Die Schwangerschaft war unübersehbar, aber das hinderte sie nicht, an einer Flirt-Show auf TVNorge teilzunehmen. Weit nach der Hälfte ihrer Schwangerschaft wurde sie Flirt-Königin in der Sendung »Lysthuset« (Das Lusthaus), ein Konzept, das TVNorge von MTV übernommen hatte. Über 100 ekstatische Singles kämpften um ein Date mit Mette-Marit. Und so wurde die spätere Kronprinzessin von den Moderatoren Silvany Bricen und Harald Thue vorgestellt:

Harald: Und da haben wir auch schon die Frau des heutigen Abends, Mette-Marit.

Silvany: Mette-Marit ist ein Mädchen, das mit beiden Beinen fest in den Wolken steht. Sie ist stark von Reisefieber befallen, und nirgendwo hält es sie lange. Sie hat auf dem Gipfel des Ayers Rock in Australien gestanden. Sie ist in Indien verhaftet und ausgewiesen worden. In Kalkutta fiel sie vor der norwegischen Botschaft in Ohnmacht. Aber hier bei uns im Lusthaus muss sie ein paar Minuten lang hübsch stillsitzen.

Harald: So so. Ohnmacht und Ausweisung und Bergsteigen. Du bist wohl ein ziemlich hart gesottener Typ, Mette-Marit?

Mette-Marit: Ja, das kann man so sagen.

Von den 100 männlichen Singles gewann schließlich einer mit dem Spitznamen »der Todestänzer« ein Treffen mit Mette-Marit. Er hieß Odd Arne Grøtterud, und mit den Moderatoren und einigen anderen Singles gingen die beiden nach der Sendung noch in die Kneipe. Wahrscheinlich wurde Mette-Marit von der Moderatorin Silvany Bricen in die Fernsehsendung geholt. Die beiden waren Freundinnen. Unter anderem wirkten sie auch in einem Musikvideo für die beliebte Bergenser Band *Pogo Pops* mit. Es wurde an einem Sonntagvormittag im Nachtklub *Kristiania* in Oslo gedreht. Obwohl es noch mitten am Tage war, gab es freie Getränke. Die Atmosphäre war daher sehr locker und ausgelassen.

In dem Video, das unverblümte sexuelle Anspielungen enthielt, spielten Mette-Marit und Silvany ein lesbisches Liebespaar. Viele Szenen waren für NRK und MTV zu gewagt und wurden herausgeschnitten. Für diesen Job bekamen Mette-Marit und die übrigen »Schauspieler« 300 Kronen (40 Euro). Gleichzeitig trat sie damit alle Rechte ab, so dass der Regisseur genau die Szenen verwenden konnte, die ihm passten. Die beiden jungen Frauen sind noch immer gute Freundinnen und stehen bis auf den heutigen Tag in Kontakt.

Haakon ist stets ein sehr wacher und moderner Mann gewesen und weiß recht gut, was in gewissen Kreisen vor sich geht. Er hat beispielsweise mit eigenen Augen gesehen, dass beim *Quart-Festival* Drogen konsumiert wurden. Daher war ihm klar, dass sich früher oder später die Frage stellen würde, ob er überhaupt am Festival teilnehmen sollte. Dass es »unschicklich« für die Königsfamilie sein sollte, wenn Haakon prominenter Teilnehmer des Festivals in Kristiansand wäre, war bis zum Frühjahr 2001 kein Thema. Der Konflikt wurde ausgelöst durch die Partnerwahl der beiden Königskinder und die sich daraus ergebende Debatte über die Monarchie in den norwegischen Medien. Der sympathische Haakon war es nicht gewohnt, wegen seines Stils und Umgangs kritisiert zu werden, da er bisher seine Freunde und Freundinnen mit viel Bedacht ausgewählt hatte.

Er hatte seriöse Liebesbeziehungen mit glamourösen und halb glamourösen Frauen »aus gutem Hause« gehabt. Celina Midelfart zum Beispiel kam aus den allerbesten Kreisen in Oslos feiner Gegend Holmenkollåsen. Ihre Beziehung dauerte

Mona Woll Håland war die Freundin des Kronprinzen, bevor er mit Mette-Marit zusammenkam. Hier vor dem *Café M* in Oslo. Rein zufällig ist Morten Borg, der Vater des kleinen Marius, Augenzeuge der Umarmung.

nicht lange, aber Haakon soll von der langbeinigen Schönheit sehr hingerissen gewesen sein.

Celina ist die Tochter des inzwischen verstorbenen »Kosmetik-Barons« Finn Erik Midelfart, und zu den Freunden der Familie zählen so bekannte Persönlichkeiten wie der Stargeiger Arve Tellefsen, Verleger William Nygaard und der Finanzier Trygve Hegnar. Nach der Trennung von Haakon zeigte sich Celina weiterhin mit reichen und/oder berühmten Männern. Der erste war Donald Trump, der »Onkel Dagobert von New York«, der mit vielen der schönsten Frauen der Welt zusammen war. Die Kosmetikerbin ist mehrere Hundert Millionen Kronen schwer und heute mit dem Multimilliardär Kjell Inge Røkke liiert.

Katrine Brustad war Haakons erste richtige Liebe. Das blonde und braun gebrannte Osloer Mädchen erweckte sein Interesse kurz vor den Rødruss-Feiern zum Abiturabschluss. Er ging auf das humanistische, sie auf das Handelsgymnasium. Er besuchte ihre Familie, lieh Katrine seinen schwarzen Peugeot 205, wenn er auf Reisen war. Katrine war auch mehrmals zu Besuch auf Skaugum.

Mit Cathrine Knudsen hatte Haakon seine ernsthafteste Beziehung. Das Paar war, mit kleinen Unterbrechungen, fast drei Jahre zusammen. Das Mädchen aus Bærum war wohl erzogen und lächelte stets entwaffnend und abweisend gegenüber den Medien – wie es sich für die Freundin des Kronprinzen gehört. Während dieser Zeit war Cathrine Knudsen eines der bekanntesten und begehrtesten Models und Mannequins des Landes. Sie war auch die erste Freundin, die bei den Osterfeierlichkeiten der Königsfamilie in Sikkilsdalen dabei war, ein deutliches Zeichen, wie ernst die Beziehung war.

»Cathrine traf ich 1994 zum ersten Mal. Sie war ein wirklich bezauberndes Mädchen«, schrieb Haakons Tante, Prinzessin Ragnhild, in ihrer Biographie »Mein Leben als Königstochter«. Ragnhild sollte später für zusätzlichen Wirbel sorgen, als sie sich mitten in der aufgeheizten »Haakon-und-Mette-Marit-Debatte« kritisch über Frauen äußerte, die uneheliche Kinder bekommen. So erklärte sie gegenüber der Zeitschrift *Norsk Ukeblad*, als sie zu ihrer Tochter Lille-Ragnhild und der Aussicht auf Enkelkinder befragt wurde: »Sie ist nicht verheiratet, deshalb will ich auch keine haben. So altmodisch bin ich nun mal, dass es in der richtigen Reihenfolge gehen muss.«

Nachdem sich Haakon und Cathrine getrennt hatten, kam es zu einer Romanze mit der Geigerin Marte Krogh. Sie bestätigte gegenüber der Zeitschrift *Se og Hør*, dass sie mit ihm eine Beziehung hatte. Aber die war nur von kurzer Dauer.

Mona Woll Håland aus Haugesund kannte Haakon schon viele Jahre. Sie war ebenfalls Model und gehörte zu Cathrine Knudsens Bekanntenkreis. Der Kronprinz hatte schon lange ein Auge auf das Mädchen aus Westnorwegen geworfen, und während seines letzten Studienjahres in Berkeley wurden die beiden ein Liebespaar. Sie besuchte ihn mehrere Male in den USA, und Freunde hielten ihre Beziehung für sehr ernst. Haakon war in sie verliebt. Dann machte Mona Woll Håland, zur großen Überraschung vieler im Freundeskreis des Kronprinzen, im Frühjahr/ Sommer 1999 Schluss.

»Zum ersten Mal hatte Haakon *richtigen* Liebeskummer. Es war das erste Mal, dass *er* abgewiesen wurde. In den früheren Beziehungen hatte er immer entschieden, dass es aus war. Jetzt konnte er erleben, wie es war, ›auf der anderen Seite‹ zu stehen. Haakon war eine Zeit lang niedergeschlagen und traurig und konnte nicht fassen, dass es aus war«, meint ein Freund des Thronerben.

Mona Woll Håland hat heute einen Lebensgefährten und ist Mutter eines kleinen Mädchens.

Freuden und Enttäuschungen zum Trotz war Haakon glücklich mit der Wahl seiner Universität. Hier bekam er neue Anregungen und Wertvorstellungen und eine neue Sicht auf seine Rolle im Heimatland Norwegen. Berkeley war eine mutige Entscheidung gegen alle Tradition für einen Königlichen. Viele waren der Ansicht, der Kronprinz hätte sich an einer konservativeren Universität wie Yale, Princeton oder Harvard bewerben oder wie sein Vater und Großvater an der Oxford University in England studieren sollen. Aber Berkeley ist eine flexibler, liberaler und kreativer ausgerichtete Universität, an der unter anderen 16 spätere Nobelpreisträger ihre Ausbildung erhielten. San Francisco ist bekannt als »Schwulenmetropole«, und hier entstand gegen Ende der sechziger Jahre die Hippie-Bewegung mit ihrer Botschaft für Frieden, Liebe und Drogenkonsum und gegen Krieg.

All das wusste Haakon, als er sich in Berkeley bewarb. Er hat sich stets wohler gefühlt bei Menschen, die ihn intellektuell weiterbringen konnten, als unter hochnäsigen Schnöseln mit Papas Schecks in der Tasche. Es war auch kein Zufall, dass er sich bei den Abiabschlussfeiern »Johnny von Stovner« nannte. Haakon wünschte sich oft, er hätte einen Nachnamen wie jeder andere auch. Und was er überhaupt nicht leiden kann, sind Menschen, die ausschließlich auf materielle Dinge und Status bedacht sind. Während seines Aufenthaltes in den USA verteidigte er in einem

Haakon ist ein junger Mann, der den Mut hat, seine Meinung zu sagen, was er im NRK-Interview mit Peter Nome während seiner Studienzeit in Berkeley unter Beweis stellte. In diesem Interview unterstützte er, als einer der ersten Königlichen überhaupt, den Kampf der Homosexuellen für gesellschaftliche Akzeptanz.

131

NRK-Interview mit Peter Nome die Rechte der Homosexuellen. Kaum ein Blaublütiger hat jemals einen so klaren Standpunkt in dieser Debatte bezogen.

In diesen Jahren war Haakon von Menschen umgeben, die einen völlig anderen Hintergrund hatten als er. Sie waren Anarchisten und Kommunisten, Studenten mit sehr radikalen politischen Ansichten. Der Kronprinz war sowohl von diesen Personen als auch von ihren Ideen tief beeindruckt.

Haakon kehrte aus Berkeley heim als ein ganzheitlicherer Mensch, als ein klügerer Mann, der drei Jahre älter geworden war. Aber er sollte bald wieder der Liebe begegnen und Entscheidungen treffen, die für das Verhältnis zu seiner Familie recht »gefährlich« waren.

Der Kronprinz mietete sich eine Junggesellenwohnung im Ullevålsveien 7 in Oslo und nahm im Sommer 1999 wie üblich am *Quart-Festival* teil. Dort traf er Mette-Marit wieder, das Mädchen, das er in den drei Jahren nicht vergessen hatte und dem er aus dem fernen Kalifornien Grüße bestellen ließ. Die Medien waren aber mehr damit beschäftigt, dass Prinzessin Märtha Louise und der Reiter Bruce Goodin ein Paar geworden waren. Haakon und Mette-Marit konnten ihre Beziehung ungestört aufbauen.

Als sie sich wiedertrafen und so gut verstanden, wohnte Mette-Marit in Kristiansand. Nach einem sehr anstrengenden Jahr als Studentin an der Ingenieurhochschule in Grimstad wollte sie nun zurück in die Hauptstadt und Sozialanthropologie studieren. Sie hatte aber noch keine Wohnung. Da machte Haakon ein Angebot, das sie nicht ablehnen konnte. »Du kannst bei mir einziehen!«

Mette-Marit war sich natürlich darüber im Klaren, dass sie sich sehr diskret verhalten musste, und erzählte nur ihren Vertrautesten, wo sie wohnte. Von August bis November/Dezember blieb ihr Sohn Marius größtenteils bei Oma Marit und »Opi« Rolf in Kristiansand. Damit hatten die beiden Turteltauben die besten Bedingungen, um eine Beziehung ganz nach ihren Wünschen aufzubauen. Als die Nachricht über ihr Verhältnis auf der ersten Seite von *Fædrelandsvennen* landete, war Mette-Marit schon ein paar Wochen zuvor zu einer Freundin in den Osloer Stadtteil Frogner gezogen. Das war ein cleverer Schachzug. Das Paar muss gespürt haben, dass es kurz vor der Enthüllung stand. Den ganzen Herbst hatte Mette-Marit bei Haakon in der Dreizimmerwohnung im Ullevålsveien gewohnt. Dies war, gelinde gesagt, eine höchst inoffizielle Lebensgemeinschaft.

Für Haakon war es bei weitem keine Selbstverständlichkeit, dass Mette-Marit bei ihm einziehen konnte. Haakon stand offensichtlich vor zwei Problemen und Herausforderungen. Das Königspaar und das Schloss würden eine solche Lösung kaum akzeptieren, und zudem könnte die Presse Wind davon bekommen. Dennoch ging Haakon das Risiko ein. Er war so rettungslos verliebt in die allein erziehende Mutter mit dem südnorwegischen gutturalen R, dass er alles tat, um sie für sich zu gewinnen. Diese äußerst geheime Wohngemeinschaft sollte etwas mehr als drei Monate dauern. In der Folgezeit hat Haakon bestritten, dass sie in dieser Zeit schon ein Liebespaar waren. »Jetzt sind wir seit einem Jahr und einer Woche zusammen«, erklärte der Kronprinz, als er und Mette-Marit am 1. Dezember 2000 eine Pressekonferenz anlässlich ihrer Verlobung abhielten. Das war eine Wahrheit mit gewissen Modifikationen. Er muss damit gemeint haben, dass sie zwar die Wohnung, aber nicht das Bett teilten, als Mette-Marit bei ihm wohnte.

Ihre Wohngemeinschaft brachte eine ganze Reihe praktischer Probleme mit sich. Jedes Mal, wenn König Harald, Königin Sonja oder andere Gäste, die absolut nichts erfahren durften, zu Besuch kamen, wurden Mette-Marits Siebensachen weggepackt. Sie musste sich durch den Hintereingang fortschleichen und sich fern halten, bis die Luft wieder rein war. Das war auf die Dauer recht anstrengend. So konnte es nicht weitergehen.

Nur einige wenige wussten, dass die beiden eine Beziehung hatten. Der überwiegende Teil glaubte, dass Haakon und Mette-Marit lediglich gute Freunde waren, dass er als netter Kerl nicht ein Mädchen ohne Wohnung im Regen stehen ließ. Am Anfang war dies auch Mette-Marits Meinung, aber ihm war bald klar, dass sie die Liebe seines Lebens war. Haakon war bereit, alles für sie zu tun. Sie in seiner Wohnung wohnen zu lassen, ungeachtet allen Wirbels, der entstehen konnte,

Eine Woche nachdem bekannt geworden war, dass Haakon mit der allein erziehenden Mutter Mette-Marit zusammen war, fuhr das Paar mit dem kleinen Marius nach Geilo zum Skilaufen. Das war das erste gemeinsame Foto der drei.

war nur ein Vorgeschmack darauf, wie weit er für sie zu gehen bereit war. Mette-Marit verliebte sich nicht Hals über Kopf in Haakon, aber der Thronerbe nahm sie mehr und mehr für sich ein.

»Für Mette-Marit war es keine Liebe auf den ersten Blick. Sie mochte ihn, aber es brauchte Zeit, bis aus der Sympathie echte Liebe wurde. Ein wichtiger Grund dafür, dass sie sich bewusst so abwartend verhielt, war gerade die Tatsache, dass er Kronprinz war«, erzählt ein Freund.

Aber der Kronprinz war in seinem Entschluss ebenso unerschütterlich, wie die Monarchie bei den Norwegern beliebt. Einem Freund vertraute er an: »Mette-Marit ist die Frau meines Lebens. Und nur sie will ich heiraten.« Der Freund hatte kaum von Mette-Marit gehört und wusste nicht einmal, dass die beiden ein Liebespaar waren. Diese Worte, die Norwegens künftiger König sagte, verblüfften den Freund total.

Haakon musste in den nächsten Monaten nicht nur viel Zeit aufwenden, um Mette-Marit zu überzeugen, dass sie füreinander geschaffen waren. Noch schwieriger war es wahrscheinlich, Mette-Marit ihre zukünftige Rolle als wichtiger Bestandteil der Monarchie schmackhaft zu machen. Ein halbes Jahr lang behagte ihr der Gedanke ganz und gar nicht, Mitglied des Königshauses zu werden. Warum konnte sie Haakon nicht einfach für sich haben und ein ganz normales Leben führen?

»Ich pfeif auf die Monarchie. Ich bin mit Haakon zusammen, nicht mit dem Kronprin-

Arm in Arm mit der Braut Karianne Christensen. Mette-Marit war 1998 Trauzeugin bei Kariannes Hochzeit.

zen«, sagte sie zu Freundinnen. Mette-Marit ist ein sehr engagierter und temperamentvoller Mensch, und wenn sie so richtig in Fahrt war, ließ sie sich nicht selten zu den schärfsten verbalen Attacken gegen das Königshaus hinreißen.

»Ich könnte mir nie vorstellen, Kinder in die Welt zu setzen, wenn ich so leben müsste wie die Königlichen. Wie Tiere im Käfig. Immer überwacht von der Polizeieskorte, der Presse und dem üblichen Publikum. Nein, dazu hätte ich keine Lust«, sagte sie zu leicht geschockten Freunden – und dem Kronprinzen selbst.

Am Morgen des 29. Dezember 1999 war es kein Geheimnis mehr. Als die Südnorweger aufstanden und *Fædrelandsvennen* aus dem Briefkasten holten, stand es da schwarz auf weiß. Die Temperatur im Sørlandet stieg um mehrere Grade. Die Zeitung schrieb, dass die allein erziehende Mutter Mette-Marit Tjessem Høiby die neue Freundin des Kronprinzen sei. Die Einwohner Kristiansands sprachen – wie die übrige Welt – über Y2K, wie die Computer den Übergang ins Jahr 2000 schaffen würden und andere Ereignisse im Zusammenhang mit der Jahrtausendwende. Plötzlich wurde die Auserwählte des Kronprinzen zur heißesten Neuigkeit in den Einkaufszentren, auf den Märkten und in den privaten Wohnzimmern. Kann das wahr sein? Die Gerüchte hatten schon eine ganze Weile die Runde gemacht, aber nur eine kleine Minderheit hatte davon gehört. Im Laufe des Vormittags war der Name Mette-Marit in aller Munde.

Die Zeitung *Fædrelandsvennen* sollte die Ehre haben, die Nachricht als Erste zu bringen. Manche hielten es für eine gezielte Indiskretion, andere bestritten dies auf das schärfste.

Die Journalistin Birgitte Klækken aus dem Regionalbüro der Zeitung in Mandal stand hinter der Enthüllung. Sie schrieb den Artikel, in dem mitgeteilt wurde, dass der Kronprinz sich in die allein erziehende Mutter verliebt hatte. Später bekam Birgitte Klækken einen Journalistenpreis für die exklusive Nachricht. Sie kannte Mette-Marit so gut, dass sie ein Foto von ihr in ihrem privaten Fotoalbum hatte, und genau dieses Bild wurde in *Fædrelandsvennen* abgedruckt, und mit dessen Weiterverkauf hat sie seitdem eine Menge Geld verdient. Das Bild zeigt eine lächelnde Mette-Marit im schwarzen Gesellschaftskleid, aufgenommen auf der Hochzeit einer Freundin.

Auf diesen Tag hatten sich Haakon und Mette-Marit gut vorbereitet. Sie wussten, dass es nur eine Frage der Zeit war, bis sie als »neues Paar« auf Seite eins einer Zeitung oder Illustrierten erscheinen würden. Das Paar hatte nicht vor, der Presse irgendetwas zu schenken. Damit begann eine mühselige Arbeit, um alle Fotos aus Mette-Marits Vergangenheit einzusammeln, die für die Medien von Interesse sein könnten. Mette-Marit rief ein paar ihrer engsten Freundinnen an, und gemeinsam begannen sie, die Alben anderer Freunde zu durchstöbern. Die »Operation Fotosammlung« lief sowohl in Oslo als auch in Kristiansand. Jedes Mal wurde der Wunsch damit begründet, dass die Bilder für irgendeinen festlichen Anlass gebraucht würden. Obgleich sich das etwas geheimnisvoll anhörte, lieferten die meisten die Fotos, die sie hatten, ab. Mette-Marit spielte Haakon gegenüber mit offenen Karten und erzählte ihm, dass ein paar Bilder von ihr in Umlauf seien, die für die Presse interessant sein könnten, aber die Königsfamilie nicht gerade begeistern würden. In Pressekreisen und ein paar »Nähkränzchen« im Land sollten von nun an wilde Gerüchte über Nacktaufnahmen und anderes kompromittierendes Material kursieren. Viele Freunde von Mette-Marits erklären heute, dass an diesen Gerüchten auch nicht ein Fünkchen Wahrheit sei.

»Ich hab viele merkwürdige Gerüchte gehört, was für Fotos es von Mette-Marit geben soll. Die meisten sind die reinsten Hirngespinste. Sie und Haakon wollten lediglich verhindern, dass private Bilder abgedruckt wurden. Ein paar Fotos waren auf Partys oder im Urlaub gemacht worden. Eigentlich ganz harmlose Sachen, die Mette-Marit aber nirgendwo veröffentlicht sehen wollte, weil sie eben privat waren – und auch ihre Freunde zeigen«, sagt eine Freundin.

Andere Freunde, besonders die männlichen, haben da eine ganz andere Version. Sie behaupten, dass es mehrere Fotos gäbe, die besser nicht ans Licht kämen.

»Ich begreife nicht ganz das Interesse. Das sind Bilder, die niemand in Norwegen drucken könnte, aber ein paar alte Chefredakteure haben wohl Lust, Fotos von einem jungen und attraktiven Mädchen im Evakostüm zu sehen«, sagt einer der Exlover.

Die »Operation Fotosammlung« war umfassend. Es wurden nicht nur Partybekanntschaften und Klassenkameraden vom Gymnasium angerufen. Auch die Exgeliebten wurden gebeten, Fotos zurückzugeben, aber einige muss sie in diesen hektischen Monaten vergessen haben.

»Mette-Marit hat mich nicht angerufen. Dabei weiß sie, dass ich viele Fotos von ihr habe. Vielleicht war ihr das peinlich?«, sagt einer von ihnen.

Die Mutter eines Mädchens, mit dem Mette-Marit zusammen in die Grundschule in Slettheia ging, war völlig baff, als der Anruf kam. Ihre Tochter hatte seit 15 Jahren keinen Kontakt mehr zu Mette-Marit, und gefragt wurde nach Klassenfotos und Bildern von Schulausflügen.

Hauptsächlich war es das Bild aus dem Privatalbum der *Fædrelandsvennen*-Journalistin, das in der ersten Zeit in den Zeitungen erschien. Etwas später wurde Mette-

Wie viele von Haakons Exfreundinnen hat auch Mette-Marit Erfahrung als Model. Im Sommer 1998 lief sie u. a. auf dem Catwalk mit Cathrine Knudsen in einem Einkaufszentrum in Kristiansand.

Marit auf der Straße in abgewetzten Jeans, Dufflecoat und Joggingschuhen fotografiert. Gar nicht so übel, verglichen mit der gängigen Mode. Da es jedoch die Freundin des Kronprinzen war, die so herumlief, hieß es schnell, sie könne sich nicht ordentlich kleiden. Es sollte sich rasch zeigen, dass Haakon sich in einen ganz anderen Typ Frau verliebt hatte, als seine früheren Freundinnen es gewesen waren.

Wie Celine Midelfart, Cathrine Knudsen, Marte Krogh und Mona Woll Håland hatte auch Mette-Marit etwas Erfahrung als Model. Eines der ersten veröffentlichten Fotos zeigt sie auf dem Catwalk in einem Einkaufszentrum in Kristiansand. Gemeinsam mit den Topmodels Arnulf Refsnes und Cathrine Knudsen zeigte sie dort den letzten Schrei.

Anfang der neunziger Jahre träumte Mette-Marit von einer Modelkarriere. Der Blondschopf mit der Kurzhaarfrisur wurde darin von den Freunden bestärkt. Sie fanden, Mette-Marit habe Ähnlichkeit mit dem amerikanischen Supermodel Linda Evangelista. Darum trat sie auch neben vielen anderen hoffnungsvollen Mädchen an, als die Jugendzeitschrift *Det Nye* im Hotel *Caledonia* in Kristiansand auf Modeljagd war. Keine geringere als das Exmodel Anette Stai war die Fotografin des Blattes. Mette-Marit hatte ein Probeshooting bei Stai, bekam jedoch kein Vertragsangebot.

Viel mehr Gemeinsamkeiten gab es nicht zwischen Mette-Marit und Haakons Exfreundinnen. Die Mädchen waren bildschön, hatten gute Manieren – und es gab nie dummes Gerede über sie.

»Nichts Negatives, aber sie waren in gewisser Weise etwas langweilig. Irgendwie wenig überraschend. Haakon hat schon immer Action und Spannung gemocht, und er liebt Herausforderungen. Das bekam er zur Genüge, als er Mette-Marit traf. Da kriegte er rein gar nichts geschenkt«, sagt ein Freund des Kronprinzen.

Mette-Marit kam aus einer zerbrochenen Familie, hatte zig Beziehungen hinter sich und nicht die geringste Angst vor Diskussionen und Konfrontationen. Ohne Schminke und in »normalen« Klamotten konnte es den Anschein haben, als ob ihr ihre Umwelt ziemlich egal war. Sie hatte nie diese bürgerliche, piekfeine und politisch korrekte Einstellung, von der auch Haakon nicht viel hält. Dass Haakon der Thronerbe des Landes war, war seine Sache, nicht ihre. Für sie war er »nur« ihr Liebster. Und dass er eines Tages König von Norwegen werden würde, scherte sie wenig. Der Titel Kronprinz macht vielleicht auf viele Mädchen Eindruck, für Mette-Marit war er überhaupt nicht wichtig, eher im Gegenteil. Sie begriff früh, dass eine Beziehung mit ihm ihr weiteres Lebens dramatisch verändern würde.

Der kleine Marius spielt eine ganz entscheidende Rolle im Verhältnis seiner Mutter zum Kronprinzen. Von Freunden des Paares wird er »Marius der Kuppler« genannt.

Haakon verliebte sich mehr und mehr, je besser er sie kennen lernte. Von Mette-Marit erfuhr er mehr Gegenwehr, als er gewohnt war. Sie redete ihm nicht nach dem Mund, sie war schlichtweg eine enorme Herausforderung für ihn, und das faszinierte Haakon ungeheuer. In krassem Widerspruch zur königlichen Etikette im Falle von Romanzen vermieden sie es auch nicht, sich öffentlich zu zeigen. Mit an-

Kurz bevor bekannt wurde, dass Mette-Marit und Haakon ein Paar waren, zog sie aus seiner Wohnung aus und zu einer Freundin in den feinsten Osloer Westen. Haakon kam oft zu Besuch.

deren Freundinnen war er äußerst vorsichtig gewesen, sich an Orten zu zeigen, an denen sie fotografiert werden konnten. Jetzt waren ganz neue Zeiten angebrochen. An dem Tag, als auch die überregionalen Zeitungen berichteten, dass Haakon eine neue Freundin habe, besuchte er sie in der Wohnung in Frogner – vor den Augen der gesamten Presse.

»Das war ganz bewusst. Er wollte allen zeigen, dass Mette-Marit sein Mädchen war. Er war bis über beide Ohren verliebt und sah keinen Grund, das zu verbergen. Wie oft hat man Haakon mit Cathrine oder Mona in der Stadt gesehen? So gut wie nie. Aber Haakon und Mette-Marit konnten gut und gerne dreimal die Woche ins *HeadOn* gehen«, sagt jemand aus dem Freundeskreis.

Andere Freunde befürchteten eine Zeit lang, Haakon könnte sich zum »Pantoffelhelden« entwickeln und vor lauter Liebe völlig blind werden.

»Mette-Marit wohnte in Haakons Wohnung, er war doch sozusagen der Wohl-habende. Aber mir kann keiner erzählen, dass sie nicht die Hosen anhatte. Ich habe Haakon noch nie so ›unter dem Pantoffel‹ gesehen. Eine Weile nannten wir ihn den ›König der Pantoffelhelden‹. So ist es nun mal, wenn man verliebt ist. Er überschlug sich förmlich. Wenn Marius nachts nicht schlafen konnte, war es Haakon, der ihn zu sich und Mama ins Bett holte«, erzählt ein Freund. Wenn ihr Handy klingelte, lief Haakon sehr oft wie ein Sekretär hin, nahm ab und sagte »Mette-Marits Telefon, hier ist Haakon. Einen kleinen Augenblick darfst du sie sprechen.«

Die Zeitungen hatten längst seitenweise darüber geschrieben, dass sie einen Sohn namens Marius hatte, und nun wurde über die zukünftige Stellung des Jungen in der Monarchie spekuliert. »Er kann niemals Thronerbe werden«, erklärte der Jura-professor Carl August Fleischer. Die Politiker waren sich einig. Der kleine Marius würde nach einer eventuellen Heirat natürlich zur königlichen Familie gehören, Prinz könnte er jedoch kaum werden. Auch Repräsentationsaufgaben kämen nicht in Frage.

»Wird uns etwa Marius vom Schlossbalkon zuwinken?«, fragten besorgte feine Damen in aufgeregten Leserbriefen an *Aftenposten*.

Haakon musste viel Zeit und Energie aufbringen, um die kleine Familie zusam-menzuhalten. Er machte Mette-Marit Mut und brachte sie dazu, auch die positiven Seiten zu sehen. Aber leicht war es nicht. Über mehrere Monate waren die Leser-briefseiten in den Zeitungen eine deprimierende Lektüre.

»Das ist doch nicht so schlimm«, tröstete der Kronprinz. Mette-Marit berat-schlagte sich häufig mit ihrer Familie, und auch die wurde von Leuten behelligt, die meinten, Mette-Marits Vergangenheit zu kennen. Die Familie Høiby erhielt meh-rere Briefe. Die gröbsten Ausfälligkeiten waren zumeist anonym verfasst.

Dies war nur ein Vorgeschmack. Für Haakon und Mette-Marit sollte es noch viel schlimmer kommen.

Haakon und Mette-Marit vor der Wohnung im Ullevålsveien 7.

Kapitel 7

Die schwierige Romanze

»Uns ist schließlich klar geworden, dass wir unser Leben dieser Aufgabe widmen wollen. Es ist ein gutes Gefühl, hier zu sitzen und zu wissen, dass wir an die Monarchie glauben.«

Diese Worte sagte Haakon bei der Pressekonferenz am 1. Dezember 2000 im Schloss. Für alle, die ihn und Mette-Marit kannten, muss sich das wie ein Siegerinterview mit Bjørn Dæhlie nach dem Gewinn des Olympiagoldes im Skilanglauf angehört haben. Welch Triumph, welch Freude zeigte Haakon, nachdem er all die schweren Extrarunden hinter sich gebracht hatte und schließlich im Ziel eingelaufen war!

»Uns ist schließlich klar geworden, dass wir unser Leben dieser Aufgabe widmen wollen. Es ist ein gutes Gefühl, hier zu sitzen und zu wissen, dass wir an die Monarchie glauben.«

Der Prozess, der dann in diesen Höhepunkt mündete, war mit das Härteste, was Haakon je durchgemacht hatte. Seine Liebe zu Mette-Marit wurde nur noch stärker, und Marius wuchs ihm noch mehr ans Herz, je größer der Druck durch die Umwelt wurde. Und dieser Druck wurde sehr groß. Die Gerüchte nahmen ihren Lauf. Es war nur eine Frage der Zeit, bis die Zeitungen anfangen würden, tiefer in Mette-Marits Vergangenheit und ihrem Freundeskreis zu graben.

Haakon hatte das alles gründlich satt. Am liebsten wäre er mit Mette-Marit und Marius ins Ausland gezogen. Barcelona war eine echte Alternative. Haakon ging in Oslo zu einem Spanischkurs und hatte das Gefühl, die Sprache gut genug zu beherrschen, um sein Studium der Staatswissenschaften in Spanien fortsetzen zu können.

Ein alter persischer Spruch sagt: »Willst du jemand kennen lernen, geh mit ihm auf Reisen.« Das Sprichwort hat auch noch einen zweiten Teil: »Willst du dich selbst kennen lernen, reise.« Haakon war bereits viel gereist und ein reifer und nachdenklicher Mann geworden. Jetzt wollte er das Rezept an Mette-Marit ausprobieren. Mit dem Auslandsaufenthalt wollte er zwei Ziele erreichen. Erstens würden sie Ruhe haben vor der Presse und den Gerüchten und in Barcelona als ganz »normales« Paar leben können. Zum zweiten könnten sie ihre Beziehung auf den Prüfstand stellen und herausfinden, ob ihre Bindung stark genug war für ein ganzes Leben. Außerdem könnte er Mette-Marit in aller Ruhe davon überzeugen, dass es kein Weltuntergang wäre, zukünftige Kronprinzessin und später einmal Königin zu sein.

Mette-Marit war zermürbt von all dem Wirbel um ihre Person. Die Öffentlichkeit erfuhr davon kaum etwas, aber ihre Freunde bemerkten es sehr wohl. Lange Zeit war sie mutlos und deprimiert. Allein schon der Gedanke, im Laden ein paar Lebensmittel einzukaufen, nahm ihr fast alle Energie. Sie vergrub sich in der Wohnung und ertrug kaum den Besuch von Freunden. Haakon musste sich um Marius kümmern. Der Kindesvater Morten Borg übernahm in dieser Zeit weit mehr Verantwortung, als es das Umgangsrecht vorsah. Ab und zu schickten die beiden den

Gegenüberliegende Seite: Eine Zeit lang war Mette-Marit mutlos und deprimiert. Sie schaffte es gerade noch, ein paar Lebensmittel einzukaufen.

Jungen auch in den Kurzurlaub zu Oma Marit Tjessem und Rolf Berntsen nach Kristiansand – um einmal allein sein zu können.

Haakon tröstete sie, so gut er konnte, und sprach ihr Mut zu. Sie beschlossen, gemeinsam in Urlaub zu fahren. Er hoffte, dass eine Woche mit Sonne, Sand und Meer ihr wieder die gute Laune zurückgeben würde. Kurz vor Ostern packten sie Badehose und Bikini ein und brachen zu den Seychellen auf. Bei sehr angenehmen Temperaturen wollten sie es sich eine Woche lang gut gehen lassen. Aber die Reise brachte nicht den von Haakon erhofften Erfolg. Mette-Marit war immer noch niedergedrückt. Vor allem graute ihr vor dem Gedanken, dass sie eines Tages Kronprinzessin sein würde, wenn sie mit Haakon zusammenbliebe.

Als *Se og Hør* die Pläne vom Auslandsaufenthalt enthüllte, gab es einen riesigen Aufstand im Schloss. Der Mitarbeiterstab war zwar darauf eingestellt, dass Haakon in Spanien studieren könnte, ahnte jedoch nicht, dass er Mette-Marit und Marius mitnehmen wollte. Nicht wenige im Stab waren empört und konnten sich nicht vorstellen, dass der Artikel in *Se og Hør* wahr sein sollte, erhielten aber schnell die Bestätigung. An diesem Mittwoch kam es zu hektischer Betriebsamkeit in den Beratungszimmern am Drammensveien 1.

Die Nachricht schlug auch auf Skaugum ein wie eine Bombe. König Harald und Königin Sonja begrüßten es sehr, dass Haakon noch ein Jahr im Ausland studieren wollte. Aber das Königspaar glaubte – und hoffte –, dass er allein reisen würde. Sie wollten, dass er ein »Abstandsjahr« von Mette-Marit nähme, um in Ruhe die Zukunft zu überdenken.

Sie wollten, dass er etwas mehr Abstand zu dem Ganzen bekam.

Lange hofften König Harald und Königin Sonja, dass der Sohn wieder in die USA gehen würde, statt sich für Spanien mit »M-M« zu entscheiden, wie viele im Schloss sie kühl und unpersönlich nannten.

König und Königin waren keineswegs davon überzeugt, dass Mette-Marit die Richtige für ihren Sohn sei. Gut, sie hatten sie mehrmals getroffen, und sie hatte einen guten Eindruck auf sie gemacht. Aber als künftige Kronprinzessin? Nein, da hatten sie, milde gesagt, große Zweifel. Die Eltern betonten Haakon gegenüber ein ums andere Mal, dass er sich Zeit lassen könne, um die Frau zu finden, mit der er sein Leben teilen wollte. Das Königspaar ließ mehr als nur durchblicken, dass er vielleicht besser allein fahren solle. Doch davon wollte er nichts hören. Entweder reisten drei – oder keiner.

Das Königspaar wollte möglichst eine Situation vermeiden, in der der Kronprinz eine übereilte Entscheidung traf. Die Eltern wussten, dass ihr Sohn eigensinnig war und es nicht ausstehen konnte, wenn ihm gesagt wurde, was er zu denken oder zu tun hatte. Er musste mit größtmöglicher Vorsicht behandelt werden. Sowohl das Königspaar als auch der Mitarbeiterstab im Schloss waren darin trainiert, Haakon nicht auf die Zehen zu treten. Sie wussten aus langer Erfahrung, dass das zu nichts Gutem führte.

Jetzt, da Mette-Marit und Haakon so viele »äußere Feinde« hatten, wurde ihr Verhältnis nur noch enger.

»Ich bin mir hundertprozentig sicher. Der heftige Widerstand, dem sie von allen Seiten begegneten, hat die beiden nur noch fester zusammengeschweißt. Eigentlich ist es etwas merkwürdig, aber wenn ich es genau bedenke, war der Druck von außen ganz entscheidend dafür, dass die beiden nun geheiratet haben und Kronprinz und Kronprinzessin geworden sind. Nämlich in genau dieser Zeit, als es am heftigsten stürmte, sah Mette-Marit ein, dass Haakon der Mann ihres Lebens war. Was Haakon in dieser Zeit für sie bedeutete, lässt sich fast nicht beschreiben«, sagt ein Freund des Paares.

Es sollte sich zeigen, dass der Höhepunkt noch nicht erreicht war. Ende April enthüllte *Se og Hør*: »Das Schloss wünscht den Bruch zwischen Haakon und Mette-Marit!« Die Nachricht schlug ein wie ein Blitz. Nicht genug damit, dass die Beziehung für die meisten Menschen im Land umstritten und schwierig war; auch »auf eigenem Platz« – auf Skaugum und im Schloss – stieß Haakon auf Widerstand, enthüllte *Se og Hør*. Die große Skepsis ging nicht so sehr auf die Tatsache zurück, dass Haakon sich in eine allein erziehende Mutter verliebt hatte. Nein, der Grund war, dass Mette-Marit früher einen Umgang hatte, der sich als sehr belastend herausstellen könnte. Das Schloss war mündlich über den Inhalt eines vierseitigen, streng geheimen Berichtes der Osloer Polizei informiert worden. Das waren harte und schwer verdauliche Brocken. In dem Polizeibericht stand unter anderem, dass Mette-Marit engen Kontakt zu einer Reihe von Personen aus kriminellen Kreisen hatte, bevor sie mit dem Kronprinzen zusammenkam. Der Bericht unterstrich, dass Mette-Marit selbst unbescholten war. Aber die Polizei meinte, dass ihre früheren Bekanntschaften eine Belastung und in letzter Konsequenz ein Sicherheitsrisiko für den Thronfolger und die Monarchie Norwegens sein könnten.

Die Königliche Privatsekretärin Berit Tversland reagierte schnell und bestritt die Veröffentlichungen: »Ein solcher Bericht existiert nicht«, erklärte sie noch am gleichen Abend in einem Nachrichtenbeitrag im Fernsehen. Nur wenige Tage und ein paar Pressemitteilungen später war Berit Tversland gezwungen, den Rückzug anzutreten. Haakons »Ersatzmama« wollte ihre Aussage nicht zurücknehmen, äußerte sich nun aber sehr viel vager. Sie sagte:

»Alle Fragen müssen an die Osloer Polizeidirektion gerichtet werden.«

Haakon und Mette-Marit wurden völlig kalt erwischt. Keiner von ihnen wusste, dass ein solcher Bericht existierte. Mette-Marit war zuerst schockiert, danach reagierte sie mit Wut und Enttäuschung. Sie konnte nicht verstehen, dass einige ihrer engsten und besten Freunde auf irgendeine Weise eine Belastung für das Königshaus sein sollten.

Haakon war nicht zu Hause, um sie trösten zu können. Er war auf einer Repräsentationsreise in Nordnorwegen, und die Zeitungen legten in den kommenden Tagen noch nach. *VG* deckte auf, dass die Romanze zwischen Haakon und Mette-Marit bis vor den Untersuchungsrichter im Osloer Amtsgericht gezogen wurde, als Begründung eines Angeklagten, der um Ausschluss der Öffentlichkeit bat. Der Betreffende war wegen des Besitzes von 50 Gramm Kokain angeklagt und wurde später zu 240 Stunden gemeinnütziger Arbeit verurteilt. *Dagbladet* enthüllte am Tag darauf, dass der Beschuldigte einer von Mette-Marits Exfreunden war, und es sollten noch ein paar Tage vergehen, bis die Zeitungen ihn als Vater des kleinen Marius identifizierten und herausfanden, dass er schon einmal wegen Verstoßes gegen das Betäubungsmittelgesetz verurteilt worden war und im Gefängnis gesessen hatte.

Nein, hier musste etwas unternommen werden. Was würde als Nächstes in den Medien erscheinen? Mette-Marits Vergangenheit war in vielen Redaktionen nicht unbekannt, und Haakon wusste, dass auch die Medien es wussten. Würde jemand auf die Idee kommen, die aufsehenerregendsten Geschichten zu drucken?

Jetzt galt es, taktisch zu denken. Wenn das Schloss jemals zugeben würde, dass es Krisensitzungen gegeben hatte, käme man nicht um jene von April und Anfang Mai

2000 herum. Die gerade ernannte Informationschefin Wenche Rasch sollte eigentlich eine zentrale Rolle einnehmen, konnte sich jedoch nicht für eine Strategie entscheiden.

»Das schweigen wir tot«, war ihre Haltung.

Die Meinungen im Schloss waren unterschiedlich und gingen in alle Richtungen. Dass Einzelne im Stab Probleme hatten, Mette-Marit zu akzeptieren, war kein Staatsgeheimnis. Der engste Bekanntenkreis des Königspaares war ebenfalls auf dem neuesten Stand, und besonders Königin Sonja wurde von ihren Freunden ständig über Mette-Marits Partys in der Houseszene auf dem Laufenden gehalten.

Bis der Polizeibericht ans Licht kam, war es in königlichen Kreisen nicht üblich, etwas, das mit dem Privatleben im Zusammenhang stand, zu kommentieren oder zu dementieren. Bis dahin hatte sich Haakon nur in allgemeinen Floskeln über die Liebe ausgesprochen und dabei politisch korrekte Statements abgegeben. Doch, er wolle schon eines Tages heiraten, und er wolle selbst entscheiden, wer es sein solle. Ob sie königlich wäre oder nicht, bliebe abzuwarten. Doch, er würde gerne den Thron übernehmen.

Haakon war es gewohnt, solche Antworten zu geben. Jetzt war er durch seine Defensive im Begriff, in der öffentlichen Meinung ins Abseits zu geraten, als Privatperson und als zukünftiger König.

Es musste schnell gehandelt werden

Und Haakon handelte.

Das Schloss hielt eine Pressekonferenz für angebracht. Haakon war anderer Auffassung. Er meinte, eine Pressekonferenz sei schwer zu steuern, und er konnte seinen Willen durchsetzen. Er wollte sich vom Staatlichen TV-Kanal NRK interviewen lassen und es damit hinter sich bringen.

Haakon hatte viele lange Gespräche mit Mette-Marit, König Harald und Königin Sonja geführt – einschließlich einiger weniger Beschäftigter aus dem Schloss. Was konnten sie tun? Haakon wollte offen seine Liebe verteidigen. Er wollte versuchen, der Presse zuvorzukommen, bevor die Artikel womöglich eine noch größere Belastung werden könnten.

Er sorgte sich um Mette-Marit. In dieser Zeit war sie psychisch vollkommen erschöpft. Haakon machte ihr begreiflich, dass sie professionelle Hilfe brauchte. Das Leben der beiden war in einem solchen Maße in der Öffentlichkeit zum Thema geworden, dass man schon ein Übermensch sein – oder eben 27 Jahre Erfahrung als Kronprinz haben musste, um das durchstehen zu können. Ein paarmal die Woche besuchte sie ein Psychotherapeut zu Hause im Ullevålsveien 7 – das ganze Frühjahr hindurch. Aber es ging ihr nicht sonderlich besser. Die ganze Zeit war sie besorgt, was aus ihrer Vergangenheit in der Presse auftauchen könnte.

Terje Svabø, Redakteur der Nachrichtensendung *Dagsrevyen*, genoss gerade den Sonntag daheim in Bærum, als ihn Nachrichtenchef Tom Berntzen vormittags anrief. »Du musst in den Sender kommen, wir haben ein Exklusivinterview mit Kronprinz Haakon bekommen, und ich will, dass du den Job übernimmst.«

Einige Minuten vorher hatte die Königliche Privatsekretärin Berit Tversland angerufen und dem staatlichen Sender ein Treffen mit dem Kronprinzen auf Skaugum angeboten. Zuvor hatte König Harald den Ministerpräsidenten Jens Stoltenberg telefonisch informiert, dass der Kronprinz im NRK ein Interview über seine Beziehung zu Mette-Marit geben wolle.

Terje Svabø fuhr ins NRK-Haus und ließ sich in Sachen »Haakon und Mette-Marit« auf den neuesten Stand bringen. Dann fuhr er zurück, vorbei an Bærum und weiter nach Skaugum, wo ihn der Kronprinz erwartete. Zuerst spazierten sie ein wenig durch den Garten und besprachen, worüber sie reden wollten. Dann war alles bereit für das Interview.

Die Nachrichtensendungen des NRK werden fast von der gesamten norwegischen Bevölkerung gesehen, und an diesem Abend sollten die Topnews in *Dagsrevyen* den Leuten wirklich etwas zu reden geben.

Haakon im Gespräch mit dem damaligen NRK-Journalisten Terje Svabø im Garten von Skaugum vor dem sensationellen Interview.

Terje Svabø: Königliche Hoheit. Es ist viel über Ihr Verhältnis zu Mette-Marit Tjessem Høiby geschrieben worden. Sind Sie ein Liebespaar?

Haakon: Ja, jetzt befinde ich mich in der etwas kniffligen Situation, dass ich im Begriff bin, eines der Prinzipien zu brechen, die ich selbst sehr hoch schätze. Und das ist, dass ich nicht über mein Privatleben spreche. Ich bin nach wie vor der Meinung, dass das ein gutes Prinzip ist. Dies wird also die Ausnahme, die die Regel bestätigt. Ich habe noch immer keine Lust, zu bestätigen, dass ich eine Freundin habe, und ich habe keine Lust, über die Ernsthaftigkeit der Beziehung Rechenschaft abzulegen. Aber ich bin jetzt dazu gezwungen, wenn ich über Dinge reden will, die mit meiner Freundin zusammenhängen.

Ja, ich habe eine Freundin, und sie heißt Mette-Marit. Der Grund dafür, dass ich jetzt an die Öffentlichkeit gehe, ist der, dass ich glaube, wenn ich jetzt passiv bleibe, könnten möglicherweise meine Freundin Mette-Marit, ihr Sohn, ihre Familie sowie Freunde und Bekannte als dritte Partei in einer unnötigen Art und Weise hier hineingezogen werden, das heißt unter Druck gesetzt werden und in eine schwierige Lage kommen, was ich vielleicht verhindern könnte. Deshalb trete ich jetzt an die Öffentlichkeit, und das ist der eigentliche Grund.

Terje Svabø: Wie haben die laufende Debatte und die Schmierereien der Presse den Kronprinzen beeinflusst?

Haakon: Es ist klar, was geschrieben wurde, beeinflusst mich und die Menschen um mich. Es beeinflusst meine Freundin und ihren Freundeskreis, da gibt es gar keinen Zweifel. Ich will mich eigentlich nicht von der Presse steuern lassen, aber manchmal kann es richtig sein, damit sie nicht völlig unfreiwillig hier hineingezogen werden, meine Freundin war ja schließlich bereit, mit mir zusammen zu sein, und so gesehen kann man sagen, dass ich eine gewisse Verantwortung hierbei habe. Nun finde ich nicht, dass es so negative Konsequenzen haben sollte, diese Wahl zu treffen. Aber es gibt ja gewisse Dritte um sie herum, die ja überhaupt nicht die Wahl hatten, in all dies hineinzugeraten, unfreiwillig.

Terje Svabø: Sie wollen also die Personen um Ihre Freundin beschützen?

Haakon: Ja, ich will wenigstens den Versuch machen, dazu aufzufordern, sie nicht in die Debatte hineinzuziehen und ungebührlich unter Druck zu setzen, ihr Privatleben zu respektieren und den ethischen Richtlinien der Presse zu folgen. Und das soll auf möglichst anständige und gute Art und Weise geschehen.

Terje Svabø: Das hier ist jetzt wohl ein völlig neues Leben für Mette-Marit Tjessem Høiby?

Haakon: Dass es anders geworden ist, seit sie mit mir zusammen ist, ist die eine Seite der Angelegenheit, aber ich glaube auch, dass eines in der Debatte nicht deutlich genug geworden ist. Dass man einige Dinge über sie gehört und gelesen hat. Aber der zeitliche Aspekt ist nicht deutlich genug geworden. Anfang der neunziger Jahre entwickelte sich in Oslo ein Jugendkultur, die häufig als Houseszene bezeichnet wird. Und es ist klar, hier kommt es zu einem relativ ausagierenden Feiern. Mette war in der Zeit ein aktiver Teil dieser Szene, und ich glaube schon, wir haben selbstverständlich sehr viel darüber gesprochen, dass ich hiermit an die Öffentlichkeit gehe, weil ich Kronprinz bin und aus diesem Grund diese Probleme auftreten, und weil deshalb die Situation zu der wurde, die sie jetzt ist, und all das hervorgeholt wird. Deshalb, finde ich, ist es richtig, dass ich es bin, der Stellung beziehen muss, dass ich tue, was ich kann, und dass sie eigentlich das Recht hat, im Hintergrund zu bleiben und in diesem Zusammenhang keine öffentliche Person zu sein. Ich glaube, für sie war es eine Art bewusste Entscheidung, die Kontrolle zu verlieren bei gegebenen Anlässen und in der Szene, in der sie war, und das geschah auch. Heute ist ihre Situation eine ganz andere. Und das, so empfinde ich es, ist nicht deutlich genug herausgekommen, dieser Unterschied im zeitlichen Aspekt. Heute ist sie in einer anderen Phase. Ich finde, diese Grenze war irgendwie fließend.

Terje Svabø: Ist das belastend?

Haakon: Ja, das ist belastend für mich und für sie und die anderen Betroffenen, da gibt es gar keinen Zweifel. Meine Freundin und ich haben ein offenes Verhältnis, wir sprechen ganz offen über diese Dinge. Und das ist selbstverständlich eine große Hilfe. Eine andere phantastische Stütze ist die, die ich in meiner Familie habe. Wir haben einen offenen Kommunikationsfluss auch in diesen Dingen. Außerdem stärken mir unsere Mitarbeiter im Schloss den Rücken. Das heißt jetzt nicht, dass sie zwangsläufig alles, was ich tue, immer phantastisch finden, aber sie sind eine wichtige Stütze, und man kann sich auf sie verlassen. Wir arbeiten da sehr gut zusammen.

Terje Svabø: Der Kronprinz erzählte seinen Eltern also sehr früh von seiner Freundin?

Haakon: Ja, vor einem halben Jahr, als wir ein Paar wurden, da erzählte ich davon. Ich fand, das war ganz natürlich.

Terje Svabø: Aber Sie haben nun eine Liebesbeziehung zu Mette-Marit, soll die jetzt amtlich gemacht werden, Herr Kronprinz?

Haakon: Wenn wir unser Verhältnis amtlich machen, ist es klar, dass wir das norwegische Volk darüber informieren werden, daran gibt es keinen Zweifel. Aber wir brauchen Zeit, damit wir unsere Beziehung und die Liebe, die wir füreinander haben, entwickeln können. Liebesbeziehungen brauchen Zeit, um Wurzeln zu schlagen und zu reifen, und so ist das auch mit meinen Liebesbeziehungen. Und es ist doch wohl klar, dass auch ich ein Recht auf Ruhe habe, das finde ich jedenfalls (lacht), dass auch ich ein Recht auf Ruhe habe, um eine Beziehung zu entwickeln, bis ich selbst bestimme, dass wir jetzt wünschen, oder bis wir uns entschließen, dass wir sie jetzt amtlich machen wollen, und es ist klar, dass wir darüber informieren werden.

Terje Svabø: Aber das Verhältnis des Kronprinzen zu einer Frau, ist das eine Privatsache, wie der Kronprinz es sieht, oder ist das eine öffentliche Angelegenheit?

Haakon: Wenn die Beziehung amtlich gemacht wird, ist es eine öffentliche Angelegenheit. Vorher, finde ich, ist es eine Privatsache.

Terje Svabø: Es wäre für Sie eigentlich nicht notwendig, hiermit an die Öffentlichkeit zu gehen, wenn es die Mediendebatte nicht gäbe.

Haakon: Ich gehe hiermit nur an die Öffentlichkeit, um eventuell etwas abzuwenden, in jedem Fall um zu fordern, dass man die ethischen Grenzen respektiert und behutsam ist, so dass man nicht auf der Privatsphäre und den Dingen, die mit dieser Problemstellung zu tun haben, herumtrampelt.

Terje Svabø: Wenn die Zeit kommt, sollte sich dann Ihr Vater, König Harald, mit der Regierung und dem Parlamentspräsidenten beraten, was Ihre Partnerwahl betrifft?

Haakon: Es gibt einige Dinge, da bin ich als Kronprinz in einer ganz glücklichen Lage, und das hier ist schlichtweg nicht meine Sache, und deshalb brauche ich eigentlich auch nicht viel dazu sagen. Das entscheide nicht ich.

Terje Svabø: Einige haben behauptet, dass diese Debatte über Sie und Ihre Freundin auch in gewisser Weise die Monarchiedebatte beeinflusst. Ist der Kronprinz da gleicher Meinung?

Haakon: Es ist klar, dass wir nicht gegen eine Monarchiedebatte sind, eine konstruktive Monarchiedebatte, ich glaube, das ist ein guter Beitrag zur generellen gesellschaftlichen Debatte. Wichtig ist, dass sie auf prinzipiellen Grundlagen vor sich geht und dass man nicht ethische und private Grenzen, die es trotz allem nun mal gibt, überschreitet, dass sie also auf so anständige Weise wie möglich geführt wird. Ohne schmutzige Tricks!

Das Interview erweckte enormes Aufsehen, und »ausagierendes Feiern« wurde das Wort des Jahres 2000. Terje Svabø erhielt ziemlich viel Kritik, weil er den Kronprinzen nicht gefragt hatte, was er mit dem Begriff »ausagierendes Feiern« verband. Mette-Marit, die für diese Art des Feierns stand, war nach dem Interview noch immer deprimiert.

»Sie befürchtete, dass die Leute sie bis in alle Ewigkeit als das Mädchen mit dem ausagierenden Feiern in Erinnerung behalten würden. Haakon hatte viel mit ihr über die Zukunft des Königshauses gesprochen und über eine eventuelle Verlobung und Hochzeit. Beide waren sich ihrer gegenseitigen Liebe sicher. Aber eine ganze Weile nach dem Interview war sie fest entschlossen: Königin wollte sie niemals werden«, sagen mehrere Freunde von Mette-Marit.

Haakon, Mette-Marit und Marius leben wie eine ganz normale norwegische Familie. Viele haben dem Kronprinzen vorgeworfen, zu volksnah zu sein. Hier kommt die Familie gerade aus dem Supermarkt in ihrer Nachbarschaft.

Haakon war entwaffnend und charmant aufgetreten, aber wann war Mette-Marit eigentlich ein aktiver Teil der Houseszene?

Haakon sagte im NRK-Interview unter anderem: *»Anfang der neunziger Jahre entwickelte sich in Oslo eine Jugendkultur, die häufig als Houseszene bezeichnet wird. Und es ist klar, hier kommt es zu relativ ausagierendem Feiern. Mette war in der Zeit ein aktiver Teil dieser Szene ...«*

Etwas später im Interview sagt er: *»Und das, so empfinde ich es, ist nicht deutlich genug herausgekommen, dieser Unterschied im zeitlichen Aspekt.«*

Im ersten Zitat sagt Haakon *»Anfang der neunziger Jahre«*, und etwas später bezieht er sich auf *»die Zeit«*, also den Anfang der neunziger Jahre.

Hier hat wohl der zukünftige Monarch im besten Fall die Jahreszahlen ein wenig durcheinander gebracht. Seit Mitte der Neunziger war Mette-Marit in der Houseszene am aktivsten.

Und das »ausagierende Feiern« nahm nicht ab, nachdem sie mit einer Freundin 1996 in die Osloer Collets gate gezogen war. Mette-Marit fühlte sich in dieser Szene immer noch zu Hause. Sie liebte die Musik, das Tanzen und die Leute hier. Einige von ihnen waren lokale Größen Oslos in kreativen Branchen wie Film, Musik und Medien. Viele nahmen Partydrogen wie Kokain und Ecstasy.

»Ich habe oft mit Mette-Marit Party gemacht. Sie war ein echt cooles Mädel. Sie hatte eine nette Art und war begehrt bei den Jungs. Ich weiß, sie ist mit einigen Typen zusammen gewesen, aber so leicht zu haben, wie es manch einer hinstellt, war sie nicht. Ecstasy zu nehmen war in der Szene, in der wir verkehrten, völlig normal, so wie Bier trinken. Wir nahmen auch ein paar andere Sachen wie Kokain und Hasch. Zu einem Joint sagte sie nicht nein«, erzählt ein Freund aus dieser Zeit.

Am Tag nach Haakons NRK-Interview schrieb Chefredakteur John O. Egeland einen Kommentar in *Dagbladet* über »das private Königtum«. Die Zeitung hatte lange die Meinung vertreten, dass Norwegen die Monarchie abschaffen und eine Republik werden sollte.

»Wie dem auch sei, gönnen wir Haakon und Mette-Marit ihre Liebe«, schloss Egeland seinen Kommentar, der andeutet, dass die Monarchie ihr letztes Lied anstimmen sollte.

VG schrieb im Leitartikel: »Es wäre fatal, wenn Haakon eine andere wählen müsste, als er selbst wollte. Die lange Geschichte der Monarchie ist reich an Beispielen, wohin das führen kann.«

VG veröffentlichte auch eine Meinungsumfrage. 53 Prozent der norwegischen

Bevölkerung sagten ja zu Mette-Marit als Königin, 22 Prozent waren dagegen. Die Meinungsumfrage von *Aftenposten* ergab in etwa das gleiche Ergebnis.

Nordlys, die größte Zeitung Nordnorwegens, hatte eine der deutlichsten Kernaussagen in ihrem Leitartikel: »Gebt Haakon frei.«

Das Interview war ein Meilenstein, aber die meisten begriffen nicht, wie wichtig dieses Interview für Haakon war. Sie ahnten nicht, wie schief dies hätte gehen können. Mette-Marit konnte sich nicht mit dem Gedanken anfreunden, Kronprinzessin zu werden, und das führte dazu, dass Haakon ständig über die Zukunft nachdachte.

Er war sich seiner Sache sicher; würde er König werden, dann nur mit Mette-Marit an seiner Seite.

Etwas anderes kam nicht in Frage.

Er erwog ernsthaft, dem Thron zu entsagen, die Thronfolge schlichtweg abzulehnen. Er soll Prinzessin Märtha Louise gefragt haben, ob sie sich vorstellen könne, das Thronerbe anzutreten. Das war im Winter 2000. Die ältere Schwester lehnte ab. Sie hatte großes Verständnis für die Argumente des kleinen Bruders, aber sie könne sich um nichts in der Welt vorstellen, Königin zu werden. Vor einigen Jahren verriet auch Königin Sonja gegenüber dem Hofberichterstatter von *Se og Hør*: »Märtha ist froh, dass sie davonkommt!«

Viele in Haakons engstem Freundeskreis waren gespannt, wie er sich entscheiden würde – nach all den nagenden und schon lange anhaltenden Zweifeln. Einige vermuteten, er würde auf das Thronerbe verzichten.

Es waren dramatische Zeiten für alle Beteiligten.

»Es ist nicht direkt falsch, wenn die Presse geschrieben hat, dass Haakon auf zwei Hochzeiten gleichzeitig tanzen will. In gewisser Weise wünscht er sich, ein ganz normaler Typ zu sein. Er hat Lust, all das zu tun, was alle seiner Altersgenossen tun. Ins Kino gehen, zu Konzerten oder in die Stadt, wann es ihm passt und ohne Sicherheitsbeamte im Schlepp. In Zukunft werden wir Haakon wohl sehr viel weniger in der Öffentlichkeit sehen. Er ist sich seiner Verantwortung als Thronerbe bewusst«, sagt ein enger Freund des Kronprinzen.

Haakon spielte wohl auch auf der Pressekonferenz aus Anlass der Verlobung nicht ganz mit offenen Karten. Auf Fragen, ob er jemals erwogen habe, dem Thron zu entsagen, antwortete er:

»Es ist klar, ich versuche die ganze Zeit, mich mit den Situationen, die sich ergeben, gedanklich auseinander zu setzen. Also wäre es wohl seltsam, wenn mir dieser Gedanke nie gekommen wäre. Aber für mich hat nie die Frage bestanden, hinzugehen und es einfach zu lassen, also die Rolle abzulehnen. Das gab es nicht.«

Dagegen räumte Kronprinz Haakon in ein paar Interviews mit ausländischen Zeitungen kurz vor der Hochzeit ein, dass er die Möglichkeit, dem Thron zu entsagen, sehr wohl genau durchdacht hatte.

Ganz entscheidend dafür, dass Mette-Marit schließlich ja zum Kronprinzen und zum Königreich sagte, war ihre Liebe zu Haakon. Sie war die ganze Zeit gewachsen, von Faszination über Verliebtheit bis hin zu echter Liebe. In dieser Zeit sagte Mette-Marit ständig zu Freundinnen: »… einen besseren Mann findet man nicht.« Außerdem glaubte sie in ihrem tiefsten Innern, dass sie im Grunde viele der Qualitäten hatte, die eine zukünftige Königin haben muss. Schließlich kam sie mit sich ins Reine. Sie wollte ein Leben als *einfache* Mette-Marit aufgeben, um den Mann zu heiraten, den sie so wahnsinnig liebte.

Die Person, die eine ganz zentrale Rolle auf dem Wege zur Verlobung zwischen dem Kronprinzen und seiner Liebsten spielte, war weder König, Königin noch Ministerpräsident oder Bischof. Diese Person war der damals dreijährige Marius. Viele von Mette-Marits engsten Freunden behaupten, die Chancen, dass sie Kronprinzessin werden würde, wären mikroskopisch klein, wenn es Marius nicht gegeben hätte.

Marius war über mehrere Jahre eine Art Katalysator für die Beziehung, betonen mehrere Freunde.

Und es ist unbestreitbar ein Paradox, dass der Sohn aus einer früheren Beziehung, der so viele verärgerte Leserbriefe hervorrief von Leuten, die es für unschicklich hielten, dass eine allein erziehende Mutter Haakons Frau werden sollte, dass eben dieser Junge eine entscheidende Bedeutung dabei spielte, dass Mette-Marit Kronprinzessin wurde.

Der Junge wuchs dem Kronprinzen sehr schnell ans Herz – und umgekehrt. Sie wurden Freunde und Spielkameraden, und Haakon übernahm schnell die schwierige Rolle des »Ersatzpapas«. Alle, die das selbst versucht haben, wissen, dass dies ein äußerst schwieriger Balanceakt ist. Man möchte ungern ein »lieber Onkel« werden, der mit Geschenken und Süßigkeiten kommt und nur dem Knirps Aufmerksamkeit schenkt. Wer keine Erfahrung mit Kindern hat, kann schnell in eine ganze Reihe von Fallen tappen und bei ihnen Erwartungen wecken, die sehr rasch enttäuscht werden, wenn sich die Dinge normalisieren. Außerdem sollen Mama und ihr neuer Freund auch noch versuchen, eine noch sicherere Partnerschaft aufzubauen.

Mette-Marit war offenbar gerührt und froh über die echte und liebevolle Fürsorge, die Haakon ihrem Sohn entgegenbrachte.

»Ich will ihn nicht ›Marius den Kuppler‹ nennen, das ginge wohl etwas zu weit. Aber dass Haakon so unglaublich gut mit ihrem Sohn zurechtkam, ist möglicher-

Im Frühjahr 2000
litt Mette-Marit
an Depressionen.
Sie konnte für sich
als Teil der
norwegischen
Königsfamilie
einfach keine
Zukunft sehen.

weise der Hauptgrund dafür, dass sie sich in ihn verliebte. Nach der Geburt von Marius hatte sie mehrere Freunde, und nicht alle waren besonders begeistert von dem Sohn aus einer früheren Beziehung«, sagt ein Freund.

»Vorher war es Mette-Marit, die in vielerlei Hinsicht das meiste für Marius tun musste. Jetzt übernahm das Haakon. Er band ihm die Schnürsenkel, er antwortete auf ›komische‹ Fragen, wie nur Kinder sie stellen, und er brachte Marius auch abends zu Bett. Haakon war unglaublich geduldig mit dem Jungen.«

Meist war es auch Haakon, der Marius in den Kindergarten fuhr und ihn abholte. Wenn sie draußen spazieren gingen, im Zentrum oder im Frognerpark, hatte Haakon einen aufmerksamen Blick auf Marius, während Mama sich entspannen und per Handy mit Freundinnen reden konnte. Haakon war schon gleich am Anfang der Beziehung draußen auf Skaugum und holte eine Kiste mit Spielzeug für

Marius – Sachen, mit denen er selbst als Kind gespielt hatte! Matchboxautos, Holz-figuren und kleine Traktoren und Bagger. Spielzeug, das langjährige Illustriertenle-ser von Fotos aus Haakons Kindheit wiedererkennen werden.

Eine Woche nachdem das Verhältnis aufgedeckt worden war, fuhr die kleine Fami-lie nach Geilo. Hier wohnte sie in der Familienhütte des Freundes Morten Andreas-sen und fuhr den größten Teil des Wochenendes Ski. Haakon bewies, dass er großes Talent als Papa hat. Der Kronprinz setzte den Sohn der Freundin auf einen Rodel-schlitten und zog ihn den ganzen Weg bis zur Skihütte. Dann ging es hinauf zum Lift, mit dem Junior auf dem Arm. Haakon war Skilehrer für den kleinen Marius. Mit guter Laune und einer gehörigen Portion Geduld fuhren die beiden stunden-lang die Kinderpiste hinunter, während Mama Mette-Marit unten am Hang stand und ihre Lieblinge beobachtete. Ein paar Skiläufer machten große Augen, als sie mitbekamen, dass der Kronprinz und Klein-Marius auf der Piste waren.

Haakon machte keinen Versuch, zu verbergen, dass es stimmte, was die Medien berichtet hatten. Ohne Verlegenheit umarmte er seine Liebste und küsste sie auf den Mund.

Zu Ostern fuhren die drei zur Königswohnung auf Maihaugen bei Lillehammer. Das war übrigens das erste Mal, dass das Königspaar dem Kronprinzen seine Zu-stimmung gab, den Ort als »Osterhütte« für seine Freundin und ein paar gute Freunde zu nutzen. Dies wurde natürlich als weiterer Beweis gewertet, wie ernsthaft das Verhältnis geworden war. Die Wettergötter waren in eher schlechter Laune, des-halb hielten sich alle mehrere Tage lang drinnen auf. Am Gründonnerstag fuhren sie hinauf zur *Gaiastova* auf dem Hafjell. Und wieder war es Haakon, der sich um Ma-rius kümmerte.

»Haakon wird der ›beste Papa der Welt‹ werden. Er hat die erforderlichen Eigen-schaften: Er ist umsichtig, geduldig und lieb«, sagen Freunde des Thronerben.

Im Sommer 2000 waren Haakon, Mette-Marit und Marius oft auf Magerø, dem schönen und gut abgeschirmten Landsitz der Königsfamilie. Einheimische wie Tou-risten beobachteten den Kronprinzen in seiner Rolle als Ersatzpapa. Eine Zeit lang ging tatsächlich das Gerücht um, Haakon wäre der wirkliche Vater von Marius. Die bekannteste schwedische Illustrierte *Svensk Damtidning* verkündete es auf der ersten Seite!

König Harald folgt, wie schon König Olav und einst auch König Haakon, dem Leit-spruch: »Alles für Norwegen«.

Haakon hat seine persönliche Variante: »Alles für Marius«.

Wie ihr Ehemann ist auch Mette-Marit ihr Leben lang Ski gelaufen. Die Fotos sind Ostern 2000 entstanden, als das Kleeblatt in der offiziellen Wohnung der Königsfamilie auf Maihaugen wohnte.

Rechte Seite:
Haakon ist für den Sohn seiner Frau mehr als nur ein Ersatzpapa.
Die beiden haben ein enges und vertrautes Verhältnis zueinander.

Klein Marius mit Fahrradhelm auf dem St. Hanshaugen in Oslo.

Kapitel 8
Zum Nestbau bereit

Mette-Marit kehrte ein paar Wochen vor Beginn des *Quart-Festivals* 2000 in ihre Heimatstadt Kristiansand zurück. Zur Überraschung vieler hatte sie einen Ferienjob in der Boutique *Galleri Albert* angenommen, die ihrer Freundin Hege Stoltenberg gehört. Ein paar Wochen lang sollte die künftige Kronprinzessin Hosen sortieren und Hinz und Kunz helfen, Sachen in der passenden Größe zu finden. Ursprünglich wollte sie in dem beliebten Sommerrestaurant *Sjøhuset* arbeiten, aber die ganze Publicity um ihre Beziehung zum Kronprinzen machte das unmöglich. Ihr war es eigentlich ziemlich egal, ob Fotos von ihr in die Zeitungen kamen, auf denen sie durstigen Landsleuten schäumendes Bier servierte, akzeptierte jedoch zunehmend ihre Rolle als Freundin des Kronprinzen und ließ den Job sausen.

»Vor nur ein paar Jahren lag sie hier zusammen mit mir auf dem Sofa. Sie war frustriert, mutlos und unsicher, ein Mädchen mit wenig Selbstwertgefühl. Jetzt seh ich sie überall. In Illustrierten und in den Nachrichten. Ich muss mich jedes Mal in den Arm kneifen, wenn ich sie im Galakleid im Fernsehen seh«, sagt ein Exfreund.

Ihr Job in der Boutique sprach sich schnell herum. Schaulustige Kristiansander machten ihren Sonnabendspaziergang nun zur *Galleri Albert*, um Mette-Marit »live« zu sehen. Hege Stoltenberg hatte gehofft, dass die Freundin dort ohne viel Aufsehen arbeiten könnte, aber als die Zeitungen über den Ferienjob schrieben, musste sie die Bremse ziehen. Mette-Marit gab auf, bevor die vereinbarte Zeit abgelaufen war.

In diesem Sommer war sie außerdem oft krank.

Mehrere Wochen machte ihr eine Nierenbeckenentzündung zu schaffen, eine Krankheit, die hohes und schwankendes Fieber sowie ein stark verschlechtertes Allgemeinbefinden mit sich bringt. Mette-Marit biss die Zähne zusammen, und beim *Quart-Festival* machte sie den Eindruck, gut drauf zu sein.

Die Sonne schien nun auch in Südnorwegen. Junge Menschen mit nacktem Oberkörper und engen Tops kamen, um die bekannten Bands und DJs zu hören. Und die Leute in den Bethäusern waren wie üblich sehr besorgt. In den Abendandachten wurde im ganzen Bezirk dafür gebetet, dass aus den Konzerten nichts werden möge. Aber die Christen vergaßen für jene zu beten, die ganz offen Hasch rauchten und sowohl Kokain als auch Ecstasy dabeihatten, als sie den Nachtklub *Kick* betraten, wo *Masters of Work* die Headliner des Abends waren. Neben Künstlern und bekannten Leuten aus der Musikszene waren auch TV-Moderatoren und andere Prominente dort – und der Kronprinz. Haakon feierte wie immer den Geburtstag der Königin auf Magerø, bevor er zum Festival fuhr. König Harald war beim 63. Geburtstag seiner Frau nicht da. Er nahm am schwedischen Pendant zur Færder-Regatta teil und wurde bester norwegischer Teilnehmer.

Haakon und Mette-Marit wohnten bei Marit Tjessem auf Høivold Brygge in Mette-Marits Mädchenzimmer und gingen abends und nachts in der Stadt auf die Piste. Sie waren im *Kick* und auf einer Houseparty im Hotel Caledonia, wo DJ Aim und Nitin Shawney auflegten. Alle gingen davon aus, dass der Kronprinz am nächsten Tag zum Festivalgelände käme, um seine Lieblingsband *Oasis* aus England zu hören. Aber er war auf einer ruhigen Vorparty bei Morten Andreassen, und als die Clique zur *Benediksbukta* aufbrechen wollte, fuhren Haakon und Mette-Marit nach Hause zur Høivold Brygge.

Was war denn das?

Mette-Marit war nicht in Partyform!

Das Mädchen, das früher als Dancing Queen bekannt war, fuhr einfach nach Hause!

Gegen Mitternacht setzte sich der Kronprinz ans Steuer und fuhr direkt nach Oslo. Er kam gegen vier Uhr früh im Ullevålsveien an und legte sich ein paar Stun-

Haakon und Mette-Marit ließen es sich mit etwas Bier und einigen Freunden auf dem *Quart-Festival* im Sommer 2000 in Kristiansand gut gehen.

den aufs Ohr, bevor er »zur Arbeit« ging. Während der Abwesenheit des Königs musste er die letzte Ministerratssitzung der Regierung vor der Sommerpause leiten. Die Kontraste waren groß, direkt aus dem Club in die Regierung. Haakon war trotz der langen Fahrt gut aufgelegt und begegnete am Sitzungstisch mehreren alten Bekannten.

Ministerpräsident Jens Stoltenberg war ein wichtiger Berater und Mitstreiter geworden. Weiter unten am Tisch saß ein weiterer Bekannter, Trond Giske, Minister für Kirche, Bildung und Forschung. Der Minister war auch dabei, als die große Schwester Märtha zum ersten Mal mit ihrem neuen Freund Ari Behn fotografiert wurde.

Norwegen hat nur 4,4 Millionen Einwohner und erscheint noch viel kleiner, wenn man in bestimmten Kreisen verkehrt.

Haakon pendelte den ganzen Sommer zwischen Oslo und Kristiansand, und oft traf er seine Freundin auf halbem Wege, auf Mågerø, dem Landsitz der Königsfamilie in der Nähe von Tønsberg. Das Wetter in Ostnorwegen war in diesem Sommer nicht besonders, und Haakon fuhr deshalb mit ein paar Freunden zum Surfen nach Portugal. Wichtiger als das Wetter daheim war, dass Mette-Marit und die anderen Mitglieder der Königsfamilie vertrauter miteinander wurden. Sie fühlte sich nun etwas sicherer und hatte begonnen, die »Prinzessinnenschule« zu besuchen, wie es die Medien nannten. Als erste von Haakons Freundinnen wurde sie in den königlichen Sitten und der Geschichte des Schlosses und der Monarchie unterwiesen.

Gegenüberliegende Seite:
Mette-Marit beschloss im Sommer, so unglaublich es auch klingen mag, in ihrer Heimatstadt in einer Boutique zu jobben. Ihr Einsatz war nur von kurzer Dauer, weil viele Schaulustige in die Boutique strömten, um sich die Freundin des Kronprinzen anzusehen.

Als Mette-Marit und Haakon im Jahr 2000 beim *Quart-Festival* waren, wohnten sie bei Marit Tjessem auf Høivold Brygge.

An Haakons 27. Geburtstag am 20. Juli sollte Mette-Marit den Rest der Königsfamilie draußen auf Mågerø treffen. Sie verbeugte sich tief und artig vor Prinzessin
Astrid und ihrem Mann Johann Martin Ferner.

Dann war Prinzessin Ragnhild an der Reihe.

Ihre Äußerung über allein erziehende Mütter in *Norsk Ukeblad* hatte Haakon
und Mette-Marit sehr geärgert, aber auf Mågerø kam es anscheinend zur Versöh-
nung. Das Wetter war wunderschön, die norwegische Flagge flatterte leicht in der
milden Brise. Draußen auf See lagen ein Journalist und ein Fotograf von *Dagbladet*
in einem Motorboot auf der Lauer. Der Journalist griff nach der Kamera mit dem
längsten Objektiv und schoss das berühmte »Kussfoto«. Mette-Marit hielt eine Zigarette in der Hand, beugte sich hinunter und küsste ihren Liebsten auf der Terrasse.
Ein anderes Bild der gleichen Reportage zeigte Königin Sonja, wie sie Mette-Marit
und Märtha Louise fotografiert.

John Olav Egeland, damals stellvertretender Chefredakteur bei *Dagbladet*,
schrieb einen Kommentar zu der Reportage, in der er die Bilder als Argument für die
Abschaffung der Monarchie verwendete.

*»Die Fotos von Kronprinz Haakons Geburtstag auf Mågerø bestätigen, warum die
Trennung von Persönlichem und Öffentlichem, was das Königshaus betrifft, unmöglich
aufrechtzuerhalten ist«*, schrieb Egeland.

Im Schloss war man nicht gerade erfreut über die Reportage. »Ich mag solche Fotos nicht besonders«, erklärte der König.

So erging es auch Per Edgar Kokkvold, Generalsekretär des Norwegischen Pres-
severbandes. Er verklagte *Dagbladet* beim Pressefachausschuss. Wie durch Ironie des

Schicksals hatte das Blatt nur wenige Wochen zuvor eine größere Reportage über die so genannten Paparazzi gebracht. Damals hatte der Cheffotograf der Zeitung, Jaques Hvistendahl, erklärt: »Wir lauern nicht in Büschen und machen Paparazzi-fotos.« Im Herbst wurde *Dagbladet* wegen eben dieser Paparazzifotos vom Presse-fachausschuss gemaßregelt.

Im Spätsommer und im Herbst wurden Haakon und Mette-Marit ständig bei Woh-nungsbesichtigungen in Oslo gesehen. Sie schauten sich Mietwohnungen im feinen Westen der Stadt wie auch in den Stadtteilen Grünerløkka und Grønland an. Vor al-lem war es Mette-Marit, die das Wort führte, während sich der Kronprinz anonym im Hintergrund hielt. Der Mietvertrag für die Wohnung im Ullevålsveien 7 lief eigent-lich zum 1. September aus, das Paar hatte es also eilig. Dann gingen sie auch zu Be-sichtigungen von Wohnungen, die zum Verkauf standen, und vieles deutete darauf hin, dass das Paar in absehbarer Zeit nun auch »offiziell« zusammenwohnen würde.

In diesem schönen Haus auf dem St. Hanshaugen in Oslo werden Haakon, Mette-Marit und der kleine Marius die nächsten Jahre wohnen. Die Familie kann sich in der dritten Etage auf 200 Quadratmetern tummeln.

In dieser Zeit spendierte Marit Tjessem eine Woche Urlaub auf einer griechischen Insel. Die drei Ms – Marit, Mette-Marit und Marius – genossen die Sonne und die Wärme und sammelten Kräfte. Schon im Voraus. Denn die sollten sie nötig haben in der ihnen nun bevorstehenden Zeit.

Am Sonnabend, dem 2. September, brachte die Norwegische Presseagentur NTB eine Pressemitteilung aus dem Schloss. Haakon hatte eine Wohnung im Ullevålsveien 67 in Oslo gekauft. Hier wollte er mit Mette-Marit und Marius einziehen.

Obwohl sie, gemeinsam und auch ge-trennt, Wohnungen besichtigt hatten, kam die Nachricht sehr überraschend. Niemand hatte es für möglich gehalten, dass das Schloss eine solche Mitteilung her-ausgeben und damit der Beziehung einen offiziellen Status geben würde. Dies war ein historisches Ereignis, und die norwegische Monarchie galt mit einem Mal als bahnbrechend in Europa. Norwegens Thronerbe setzte ganz neue Maßstäbe und versetzte selbst die liberalen Dänen in Erstaunen.

»Prinz auf Polnisch«, lautete die Überschrift in der dänischen Zeitung *Politiken*, die sich dabei eines Slangausdrucks für das Zusammenleben in wilder Ehe bediente. Der

Hofberichterstatter von *Berlingske Tidende*, ebenfalls Dänemark, schrieb: »Können Sie sich vorstellen, dass Kronprinz Frederik mit seiner Freundin Bettina in eine gemeinsame Wohnung in Vesterbro zieht? Nein, wohl nicht, oder? Ganz anders beim norwegischen Kronprinzen Haakon. Er hat diesen Schritt gewagt und lässt sich bürgerlich nieder, obendrein mit der allein erziehenden Mutter des dreijährigen Marius.«

In Schweden schrieb *Aftonbladet*, »Aschenputtel mit Sohn« zögen bei Haakon ein und sie seien »nicht einmal miteinander verlobt«. Wenn es in Mette-Marits Vergangenheit viele Houserhythmen gegeben hatte, so war nun eine Menge Rock ’n’ Roll um das norwegische Königshaus in europäischen Zeitungen zu lesen. Es wurde viel und oft über Mette-Marits Vergangenheit in der Houseszene geschrieben und dass der Kindesvater mehrfach in Drogenfällen verurteilt worden war.

Mette-Marit und eine Freundin voll beladen auf dem Weg in die Wohnung in der dritten Etage.

Zu Hause in Norwegen waren die Medien mit zwei Dingen beschäftigt.

Das eine war der Preis von 5 775 000 Kronen (740 000 Euro), was 22 000 Kronen (2800 Euro) für jeden der 261 Quadratmeter bedeutete. »Wenn Haakon nicht sieben Richtige im Lotto getippt hat, muss wohl Papa Harald die Rechnung bezahlen«, schrieb eine Zeitung.

Die Wohnung liegt in der dritten Etage eines alten Mietshauses, fast ganz oben auf dem St. Hanshaugen in Oslo, nur einen kurzen Spaziergang vom Zentrum entfernt, und war in mancherlei Hinsicht ein Renovierungsobjekt.

Die Wohnung war etwas heruntergekommen. Die Fußböden waren aus verschiedenen Materialien und von unterschiedlicher Qualität, fast wie ein Flickenteppich. Die Tapeten stammten aus einer Zeit vor Haakons und Mette-Marits Geburt. Die Küche war etwas renoviert worden, allerdings vor 20 Jahren. Damit lag der Endpreis für »das kleine Schloss« wohl beträchtlich höher als die Kaufsumme, vermutlich weit über 8 Millionen Kronen (1 Million Euro).

Haakon und Mette-Marit waren beide sehr aktiv an der mühevollen und aufreibenden Arbeit beteiligt, die Wohnung bezugsfertig zu machen. Während der Kronprinz größtenteils die Verhandlungen mit den verschiedenen Bauunternehmern führte, hatte seine Freundin die Hauptverantwortung für Möbel und Einkauf.

Ganz bewusst nutzten sie nicht für alles und jedes die Verbindungen des Königspaares. Sie wollten beweisen, dass sie auf eigenen Beinen stehen konnten. Damit aber eine hundertprozentige Diskretion garantiert war, mussten sie auf »Empfeh-

Dass der Kronprinz und Marius so gute Freunde wurden, ist vielleicht der Hauptgrund dafür, dass Mette-Marit schließlich ja zu Haakon sagte – und zum Königshaus.

lung« des Schlosses eine Projektleitung nehmen. Es gehört sich schließlich nicht, dass der Kronprinz im Baumarkt anruft und nach dem Quadratmeterpreis für Parkett fragt.

Die Übernahme der Wohnung fand im Oktober 2000 statt. Haakon und Mette-Marit hofften, dass sie noch vor Weihnachten bezugsfertig wäre, mussten jedoch noch bis Februar warten, bevor alles fertig war. Die gesamte Wohnung wurde renoviert, vom Fußboden bis zur Decke. Sie war ursprünglich zweigeteilt, was auch nach der Renovierung beibehalten wurde. Während Haakon, Mette-Marit und Marius gut 200 Quadratmeter bewohnen, nutzt die Leibwache die kleine Wohnung direkt daneben.

Haakon war der Umzugschef. Hier dirigierte er die Truppen vor der Wohnung im Ullevålsveien 67.

Haakon und Mette-Marit waren sich meistens einig, wie alles aussehen sollte. Die Wohnung ist heute sehr offen und modern. Dem Trend entsprechend herrscht Minimalismus. Alle Wände sind weiß gestrichen, die Fußböden hell lasiert und gelaugt. Nur Marius' Kinderzimmer hat etwas Farbe bekommen.

Mette-Marit wollte anfangs keinen Innenarchitekten und ist weitgehend selbst für die Möblierung und Einrichtung verantwortlich. Überall hat sie Möbel gekauft, von Flohmärkten über IKEA bis hin zu Designermarken wie R.O.O.M. und Hilmers Hus. Die Küche ist aus dem Hause BOFFI. Eine sehr schicke Top-Qualitätsküche aus Italien, sehr beliebt bei etwas besser betuchten jungen Paaren.

Eine stilvolle Phillip-Starck-Lampe beleuchtet die Küche.

Die Architektin Anne M. Pedersen hat die ganze Zeit, von der Übernahme bis zur Fertigstellung, sehr eng mit Haakon und Mette-Marit zusammengearbeitet.

»Es war ein sehr angenehmer Auftrag. Ich habe die beiden als sehr interessiert kennen gelernt, mit genauen Vorstellungen, wie sie es haben wollten. Und dass sie zufrieden sind, ist die beste Werbung für mich«, sagt Pedersen.

Haakon und Mette-Marit sind sehr zufrieden mit der Wohnung, in der sie mehr als nur ein paar Jahre wohnen wollen. Nachdem König Harald und Königin Sonja zum Jahreswechsel 2001/2002 wieder ins Schloss gezogen sind, das nach dem Tod König Olafs 1991 renoviert wurde, soll das Paar, wenn Skaugum dereinst ebenfalls in neuem Glanz erstrahlt, nach Asker ziehen.

Unser Kronprinzenpaar und der kleine Marius können sich in einer wunderschönen Wohnung tummeln. Während es im Ullevålsveien recht viel Verkehr gibt, haben sie von der großen Terrasse auf der Rückseite eine grandiose Panoramaaussicht über die ganze Hauptstadt.

Sogar bis nach Skaugum in Asker können sie sehen!

Das andere Hauptthema in den Medien waren zu jener Zeit die Reaktionen von Nachbarn und Politikern. Zwar wurde die kleine Familie in der kinderfreundlichen Umgebung des Ullevålsveien 67 willkommen geheißen, die Nachbarn fürchteten jedoch die umfassenden Sicherheitsmaßnahmen, die nun kommen würden. Norwegens Thronerbe kann schließlich nicht irgendwo einziehen, vieles musste berücksichtigt werden. Die Einsichtsmöglichkeiten durften nicht zu gut und die Fluchtwege mussten in Ordnung sein. Die Familie musste ihre Autos sicher und ungestört parken können. Heute wird die Sicherheit durch mehrere Überwachungskameras gewährleistet.

Gegen diese Lebensgemeinschaft gab es zwar prinzipielle Einwände, aber sie wurden zurückhaltend formuliert.

»Wir müssen junge Menschen bei der Wahl ihrer Lebenspartner respektieren, und ich hoffe, dies ist ein Schritt auf dem Weg zu einer Ehe«, sagte der frühere Mi-

Während Haakon und ein Leibwächter Möbel und Spiegel hineintrugen, waren Mette-Marit und ihre ältere Schwester bei IKEA zum Großeinkauf.

nisterpräsident Kjell Magne Bondevik. Die meisten in der Christlichen Volkspartei (KrF) hätten es selbstverständlich am liebsten gesehen, wenn die beiden geheiratet hätten, bevor sie zusammenzogen.

»Ich kenn den Kronprinzen als einen verantwortungsvollen und klugen Mann und bin mir sicher, dass er die richtige Entscheidung trifft. Ich möchte dem Paar weiterhin viel Glück wünschen. Mit seinem oder seiner Liebsten zusammenzuziehen ist eine Lebensform, die viele in diesem Lebensabschnitt wählen, in dem der Kronprinz und seine Freundin sich befinden«, stellte Ministerpräsident Jens Stoltenberg fest.

Die Vorsitzenden der Parteijugendverbände jubelten, bis auf die KrF-Jugend.

Nicht ganz unerwartet versuchte eine Politikerin, dem Ganzen die Show zu stehlen. Die den meisten unbekannte Laila Kaland von der Arbeiterpartei, Mitglied der Kontroll- und Verfassungskommission des norwegischen Parlaments, warf eine Brandfackel in die Debatte, die jedoch erlosch, bevor sich jemand daran verbrannte. Kaland meinte, Haakon sollte die Konsequenzen aus seiner wilden Ehe ziehen und Märtha den Status der Thronfolgerin überlassen.

»Ich finde wirklich, das norwegische Königshaus wird allmählich recht blutarm«, wetterte Kaland und spielte darauf an, dass in der Königsfamilie zu wenig blaues Blut übrig wäre.

Dem Osloer Bischof Gunnar Stålsett war klar, dass viele gespannt auf seine Sicht der Dinge warteten, hielt es jedoch für falsch, als Bischof auch des Königshauses Ratschläge über die Medien zu erteilen. Dafür sollte er am nächsten Tag in *Dagbladet* büßen. Die Zeitung hatte nichts übrig für Bischöfe, die in Deckung gingen, wenn sie mit komplizierten Fragen konfrontiert wurden. Pastor Jan-Aage Torp ist vor allem für seine Versuche bekannt, Homosexuelle »umzudrehen«. Er kritisierte die wilde Ehe, nicht den Kronprinzen, und flehte höhere Mächte um Hilfe an.

»Die gute Lösung für Haakon ist die Ehe. Ich bete zu Gott, dass der Kronprinz heiraten möge.«

Der Rektor der Theologischen Fakultät, Halvor Nordhaug, erklärte geradeheraus, dass der Kronprinz eine Form des Zusammenlebens gewählt habe, die die Kirche nicht gutheiße. Mette-Marit war in Vågsbygd getauft und konfirmiert worden, und sogar der Pfarrer ihrer eigenen Gemeinde bedauerte sehr, dass das Paar nun ohne Trauschein zusammenziehen wollte.

Daheim in Kristiansand überwog trotz allem der Jubel. Sowohl Freunde aus Kindertagen als auch die Familie freute sich für Mette-Marit, und Sven O. Høiby trat sogar in Knut Olsens Fernsehsendung »Redaksjon 21« im NRK auf. Sven O. glaubte nicht, dass Mette-Marit Königin werden wollte, fügte jedoch hinzu:

»Aber wenn es sein muss, bin ich mir sicher, dass sie das meistert.«

Sven O. hatte dieses ganz besondere Verhältnis bemerkt, das sich entwickelt hatte: »Man sieht es selten, dass die Chemie zwischen zwei jungen Menschen so gut stimmt wie bei den beiden. Ganz abgesehen davon, dass er Thronerbe ist, könnte sie wohl keinen besseren Liebsten finden.«

Das restliche norwegische Volk sagte ebenfalls, was es dachte. Ein Viertel derjenigen, die im Auftrag von *Se og Hør* und *Dagbladet* von den Meinungsforschungsinstituten angerufen wurden, sagte, dass ihnen Haakons Entscheidung in der »Ehefrauenfrage« missfiele. Die Zeitung *Fædrelandsvennen* nahm eine sehr abwartende Haltung ein. Sie veröffentlichte eine Meinungsumfrage, die zeigte, dass in Südnorwegen das Vertrauen ins Königshaus stark gesunken war. Jeder Dritte aus Mette-Marits Heimatregion fand es falsch, dass sie und Haakon zusammenziehen wollten. In Norwegen ist es ein beliebter Sport, seine Meinung in Leserbriefen zu äußern. Elisabeth Selinger von *VG* hatte noch nie einen vergleichbaren Posteingang erlebt.

»Es hat wohl noch nie eine so umfangreiche Debatte in einer einzigen Angelegenheit gegeben. Haakon und Mette-Marit beschäftigten das ganze norwegische Volk, von der Südspitze Lindesnes bis zum Nordkap. In Spitzenzeiten erhielten wir mehrere Tausend Zuschriften im Monat. Die Debatte war besonders heftig zu der Zeit, als sie zusammenzogen. Ich glaube, in dem Herbst bezog sich die Hälfte aller Zuschriften auf die königliche Wohngemeinschaft, und am 9. September 2000 hatten wir das erste Mal in der Geschichte der Zeitung zwei Seiten mit Leserbriefen«, sagt Seliger.

Viele Zuschriften wurden verständlicherweise nicht abgedruckt, sei es aufgrund von Platzmangel oder weil sie in der Hitze des Gefechts die Grenze zur Beleidigung überschritten. Nach Weihnachten sank die Zahl der Leserbriefe beträchtlich und erreichte wieder ein normales Maß. Chefredakteur Finn Holmer-Hoven, der später unter den Hochzeitsgästen war, war für die redaktionelle Bearbeitung der Leserzuschriften bei *Fædrelandsvennen* zuständig.

»Die Debatte war direkt nachdem die Nachricht eingeschlagen war, am hitzigsten, und die Reaktionen waren gemischt. Die meisten waren positiv. Als bekannt wurde, dass Haakon und Mette-Marit zusammenziehen wollten, wurde es auf den Seiten verhältnismäßig still«, berichtet er.

Holmer-Hoven erinnert sich besonders an Zuschriften von jungen Menschen.

»Meistens sind es ja Ältere, die Leserbriefe schreiben. In dieser Debatte griffen mehr junge Leute zum Stift. Sie befürworteten die Beziehung. Der Riss zwischen den Generationen war deutlich. Nähe macht die Leute skeptisch, und weil Mette-Marit nicht gerade eine 08/15-Vergangenheit hatte, waren einige in den zumeist bürgerlichen Kreisen Südnorwegens nicht besonders begeistert. Aber wir wurden nicht mit Zuschriften überhäuft. Der ganze Krach um Vidar Kleppe und die Fortschrittspartei hat unsere Leser weit mehr beschäftigt«, betont der Chefredakteur.

Kronprinsen og alenemoren

I hele sommer er VG blitt overstrømmet av leserbrev om kronprins Haakon og Mette-Marit Tjessem Høiby. Det toppet seg denne uken etter at det ble kjent at de to kjærestene skal flytte sammen.

Reaksjonene har vært rimelig entydige. Med få unntak er leserne som skriver til oss overveldende negative, både til Haakons valg av kjæreste og til samboerskap. Gir det et riktig bilde av nordmanns holdninger? Meningsmålinger har vært mer positive til begge deler, men det er å tro at de av våre lesere som deltar aktivt i debatten, har et sterkere engasjement i kongehuset enn folk flest. Mange spør seg hva «gamlekongen», kong Olav, ville ment om barnebarnets valg.

Selv om leserbrevene ikke kommer fra et såkalt representativt utvalg av folket, er det all grunn til å ta dem på alvor. De kommer fra grunnfjellet blant de kongetro. De som ikke får si sin mening på TV eller i avisreportasjer, hvor mer liberale og urbane synsere dominerer.

Men hva er det de egentlig sier? Den unisone kritikken av Mette-Marit bærer preg av en nærmest moralsk forargelse. Alenemoren blir fremdeles fordømt fordi hun er «en kvinne med en fortid». Barnet er det synlige beviset. Mette-Marits bakgrunn fra «house-miljøet» og barnefarens narko-dom tas heller ikke nådig opp.

Det er også verdt å merke seg at flere åpenbart har irritert seg over Haakons moderne livsførsel og liberale holdninger i lengre tid. Med forholdet til Mette-Marit er, ifølge dem, passert en grense. Mange lesere undertegner med «tidligere monarkist».

Politikere leser avisenes leserbrev fordi det gir et godt inntrykk av hva vanlige folk er opptatt av. Slik kunne Jens Stoltenberg ha oppdaget flukten fra Ap lenge før meningsmålingene viste det samme. Men så spørs det om reaksjonene er uttrykk for et varig skifte i synet på kongehuset, eller om det vil blåse over. Det er bare å følge med.

Marie Simonsen

si det i VG

s i d e t @ v g . n o

● ● ● Dette er lesernes side for korte innlegg om aktuelle temaer. Navn og adresse må oppgis – også når navnet ikke skal i avisen. Innlegg med angrep på privatpersoner må signeres med fullt navn. Vi forbeholder oss rett til å kutte i manuskriptene og innsendte manuskripter blir ikke returnert.

Begynnelsen til slutten?

Reaksjoner fra de minst tradisjonsbundne deler av befolkningen indikerer sympati for Kronprinsens atferd, fordi den er «i pakt med tiden».

En naturlig konsekvens bør bli at man også bidrar til å gjøre slutt på det kanskje minst tidsmessige fenomen i år 2000, nemlig monarkiet.

Framtidig republikaner,
Oslo.

«Glade i hverandre»

Ja, bare to er glade i hverandre, så blir jo alt riktig. Og vår kronprins og Mette-Marit er tydeligvis glade i hverandre. Så da, så. Dronning Mette-Marit med sin sønn, etter hvert prins Marius, må det vel bli. For det kan vel ikke være noen tvil om hans status heller.

Haakon Magnus er kjekk og pen. Men hva om han hadde vært homofil? Tenk, da hadde vi fått to konger! Så flott, da. Bare de er glade i hverandre, så blir det jo riktig.

Egentlig har nok monogamiet overlevd seg selv. Det «bedrives» vel omtrent like mye på utsiden og mellom skapene (ekte- og samboerskapene) som inni her til lands. Etablering av polygami kan løfte praksisen opp og gi den et pent ansikt. Da kan den aktuelle kronprins kanskje få tre dronninger. Representasjon av Norge utad vil nå enorme høyder! Så fint, da. Bare de er glade i hverandre, så blir det jo riktig. Det gjelder á la sine tanker bli formet av tid og praksis. Det er overordnet. Alt annet er underordnet.

«God morgen, Norge»,
Halden.

Farlig å ta folket som en selvfølge

Det norske folks store samlende punkt har vært kongehuset. Nå er folket splittet, og dette skyldes Haakons egoistiske og ureflekterte valg av livsledsager.

Norges kanskje fremtidige konge har valgt en kvinne med en fortid som alltid vil forfølge henne. Å plassere henne på slottsbalkongen vil bare virke latterlig, og må i tillegg bli en ydmykelse for henne.

At Haakon forventer at folket skal applaudere dette, er en fornærmelse mot oss. Ingen liker å bli tatt som en selvfølge, og det er nettopp det vi føler kongehuset gjør i dette tilfellet.

Haakon kan ikke få i både pose og sekk, han må ha visst i sin fortid som alltid vil forfølge henne. Når han nå setter alt inn på å få det som han vil, føler vi oss som «folk» sviktet og ber ham skaffe seg en annen jobb.

Å sette inn Märtha i stedet virker ikke som noen god løsning. Hun har heller ikke imponert oss med sine valg av

mannlige venner. Vi er mange, mange som er glade for at kong Olav slipper å oppleve dette. Han var i all sin ferd et forbilde for oss alle. Han ble enkemann i en alder da det for enhver annen nordmann ville vært normalt å finne en ny livsledsager. Han valgte å leve videre alene, tro mot sin status.

I protokollen ved hans bortgang skrev vår familie: «Takk for ditt eksempel!» Vi sier ikke mer.

Fersk republikaner,
Hemes

Siste utspill?

Vi har sett mange «utspill» fra kronprins Haakon de senere år. Nå vil han flytte sammen med en alenemor. La han for all del gjøre det, men da må han frasi seg arveretten til den norske kongetrone! Han ikke ha et Ole Brumm-motto: Ja takk – begge deler.

Vil han være Johnny fra Stovner, og rase rundt på barer og festivaler, så er det greit, men ikke med tittelen Norges kronprins.

Det er synd – for vi har hatt tre konger som har visst hva som kreves av en konge – og de er blitt sett opp til av hele folket!

Skuffet,
Oslo.

Moderne kronprins

Som representant for kronprins Haakons egen generasjon, og også den generasjonen som i første rekke skal leve med Haakon som konge av Norge, vil jeg gjerne si følgende:

Jeg er så fryktelig lei av å lese alle leserinnleggene i avisene fra mennesker med fordomsfulle og forstokkede holdninger til Kronprinsen og hans forhold til Mette-Marit.

Ingen av oss yngre mennesker fordømmer det Kronprinsen og Mette-Marit nå gjør. Vi er i stedet glade for ha en kronprins og et kongehus for øvrig som har moderne holdninger. Vi vil mye heller ha en kronprins Haakon som etterlever og forstår den tida han lever i, enn en kronprins Haakon som lever etter utdøende regler.

Fredrik Larsen, 24 år,
Oslo.

– Hvorfor er vi så nervøse?

Det er med en viss forundring jeg registrerer hvilken voldsom interesse som legges for dagen i anledning Haakon Magnus valg av partner.

Når man ser hva som siteres fra kjente og ukjente i massemedier, er det for det meste to holdninger som går igjen; enten så er man imot, eller så er man «liksom» villig til å akseptere Mette-Marit.

Det ligger en slags skjult og ekkel undertone av et slags «på tross av at Mette-Marit er slik og slik, kan vi godta».

Kronprinsen får «liksom» lov å velge selv. Hva er det som er så galt med denne jenta? Jeg føler meg rimelig sikker på at Haakon har vurdert alle disse tingene for lengst. Da blir det helt tåpelig at hele nasjonen skal sitte rundt kjøkkenbordet og vurdere i ettertid.

Og vurdere ut ifra hva, forresten? Dette med at Mette-Marit har et barn fra før, er visstnok hardt å svelge for mange. Er det ingen av dere som forstår at denne gutten skal vokse opp, og kanskje lese det som er skrevet. Skal han så ettertrykkelig få vite at han har vært en slags klamp om foten? Et hinder for noens skjebne?

Mange barn er født både før, innenfor og etter ekteskap, og det blir heldigvis like fine folk av dem som av andre. Naturligvis.

Og mange er visstnok redde for at vi risikerer å få Mette-Marit som dronning. Ikke aner jeg hvordan hun vil bli som dronning, men hvem er det man sammenligner med, siden man er så nervøse?

Det har for lengst begynt å bli uinteressant å høre og lese hvermannsens mening om dette!

Knut Ellingen,
Lommedalen

hjørnet

Engasjement

Engasjer deg
med kropp og sinn,
sett seil
til siste knut.
Bare du vet
når du blander deg inn –
at du også
skal vikle deg ut.

Anders Helseth

Taus kirke

Det pågår en storm i media om kronprinsens nye livsform, og hvorvidt han gjør det rette valget. Når det gjelder kirkens syn så blir det vanskelig å ta stilling. Biskop Stålsett står i spissen for å ikke ha noen meninger.

Når det gjelder andre kontroversielle spørsmål, som f.eks. homofile prester, har Stålsett en klar mening. Men om kronprinsens samboerforhold er det han ikke våger å uttrykke sitt syn?

Terje Lie,
Oslo.

Zum ersten Mal in ihrer Geschichte widmete *Verdens Gang* ganze zwei Zeitungsseiten Leserbriefen zu ein und demselben Thema. Die überwältigende Mehrzahl der Zuschriften war negativ.

I NYHETENE

Redaksjon: Elisabeth Selinger, Postadresse: Si det i VG, Boks 1185 Sentrum, 0107 Oslo, Faks: 22 00 08

I pose og sekk – mens grensene flyter

Jeg har i mange år gledet meg til å få en så flott konge som kronprins Haakon har sett ut til å bli, men gleden forsvant med hans dømmekraft.

Det gjorde også min tro på det fremtidige monarkiet. For hvis det ikke skal være noen forskjell på de kongelige og oss, ja så får det være.

Man skulle nesten tro at media for tiden var lønnet i forhold til sine utsagn, da de vil ha oss til å tro at dette med å flytte sammen for kommende monarker er «i tiden», og noe de fleste vil akseptere. Hva bygger de dette på?

Selvfølgelig forsvinner folks respekt for Haakon med dette samboerskapet. Hvorfor skal vi vinke opp til en alenemor og hennes sønn på slottsbalkongen, og har de to tenkt grundig nok på hvordan Marius vil komme til å få det når de to får barn sammen? Eller kanskje de ikke gjør det? Innen noen år vil vi kanskje akseptere at Marius blir tronarving også?

Ingen jeg har snakket med har bifalt Mette-Marit som kommende dronning. Hvis Haakon skal bli så folkelig, synes jeg han skal få slippe tronen, og heller leve det livet han vil. Ett sted går grensen for hva vi vil akseptere.

Han har lenge fått i pose og sekk ved å kunne leve slik han gjør med vår aksept. Nå begynner det å bli alvor, og da vil vi som betaler regningen også være med å bestemme.

Frøken Pripp,
Oslo.

– Skal vi være så aksepterende?

Så skjedde det virkelig: Mette-Marit og kronprins Haakon Magnus skal bli samboere, med hennes særkullsbarn «på kjøpet».

Og det utrolige: Over halve folket jubler, og synes dette er dønn i orden!

Skal vi virkelig bli så aksepterende? Skal kronprinsen virkelig bli så folkelig at han skal kunne gjøre akkurat slik vi «vanlige» mennesker gjør?

Burde ikke Haakon, eller i hvert fall hans foreldre, ha forstått at en kronprins ikke bør:

Flytte i samboerskap, med de løse rammer dette ofte har. Koble seg sammen med en kvinne med «fortid», og som har barn fra før.

Når noen i dagens avis hevder at Mette-Marits barn bør kunne bli kronprins, skurrer det i mine ører. Hvis vårt kongedømme skulle overleve så lenge at denne kronprinsen ble konge, ville jo barnefaren kunne titulere seg: «Far til kongen»! Det ville vært en fjær i hatten, eller?

Og hvorfor i alle dager skal Kronprinsen kjøpe seg svær leilighet i Oslo, når hele Slottet står tomt? Det er vel så stort at Kronprinsen og hans familie kunne bo der? Er det kun for å bruke opp enda flere millioner av skattepengene være?

Nei, her bør både Kronprinsen og hans foreldre gjort en slett jobb med å utvikle antenner om hva som passer seg og hva som ikke gjør det!

En kronprins er ikke som vanlige folk. Da får heller kongedømmet opphøre, og Haakon Magnus finne seg en passende jobb. Noe som sikkert ikke vil by på problemer...

Paul-A. Mathiesen,
Stokke.

Et steg i retning republikk?

Det er mange meninger ute og går når det gjelder kronprins Haakons privatliv. Vi kan vel alle ha våre tanker om dette.

Før vi nå fortsetter med denne diskusjonen, bør det bestemmes hvorvidt Norge fortsatt skal ha et kongehus. Hvis svaret er nei, er det lite interessant hva Haakon eller hans søster foretar seg.

I 1905 valgte folket konge. Det at den påtenkte konge forlangte en folkeavstemning viste at vi hadde en virkelig demokrat å gjøre. Tiden er, etter min mening, nå moden for at det blir avholdt en folkeavstemning over hvorvidt Norge, i likhet med en rekke andre land vi sammenligner oss med, skal være en republikk med valgt president. Ved først å få et svar på hvorvidt det er flertall i folket for fortsatt kongedømme, kan man ta en bedre stilling til de krav som skal stilles til en kommende monark.

Jeg håper at pågående diskusjon om Kronprinsens privatliv kan vekke til live de krefter som går inn for valg av statsoverhode. Om man historisk finner gode grunner for kongehusets eksistens, så mener jeg at tiden er moden for å skifte ut monarkiet til fordel for republikk. Demokratiet tar ikke skade av det.

Jeg ber våre politiske partier gå inn for at man i valget neste år ikke bare stemmer på storting, men også har et rådgivende valg på om velgerne ønsker monarki/republikk.

Asbjørn H. Johansen,
Ålesund

En offentlig «privatsak»

Mette-Marit og lille Marius og kronprins Haakon som bærer barnestol og triller barnevogn. Stor stas!

Hva er dette for tragikomisk historie? Er Kronprinsen klar over konsekvensene? Eller er det hans intensjon at monarkiet i Norge skal opphøre?

Han må være temmelig naiv når han tror han kan te seg som en vanlig ung mann når han er sønn av Norges konge! Han vil være vanlig, samtidig nyte godt av de privilegier han har; som å flytte inn i leilighet til ca. 6 mill. kroner. Og det norske folk betale for vaktholdet til Mette-Marit og lille Marius? Omkvedet er at «dette er en privatsak», og da får sannelig kronprinsen betale vaktholdet selv!

G. H.,
Bergen.

Uforenlige roller

«Si meg hvem du omgås, og jeg skal si deg hvem du er», heter det. Et gammelt og godt ordtak som passer alle.

Når vår kronprins gjør sitt beste for å leve sitt privatliv som «Jonny fra Stovner», glemmer han tydeligvis den arv han har fått i gave, men vil ha de privilegier som følger med.

En smule verdighet forventes av den som i fremtiden skal lede stat og kirke. Det må nemlig være gjensidig respekt mellom folk og drott. Greit nok at Kronprinsen aksepterer på TV, utagerende oppførsel i house-miljøet – barn med en kriminell og senere samboerskap, men denne bagasjen kan ingen «prinsesseskole» ta bort. Og hva med et uskyldig barn som hele livet blir «second best»?

Rollene som Jørgen hattemaker («Jonny fra Stovner») og kong Salomo kan ikke forenes. Hva med et valg nå, før all respekt er borte, og hele vår kjære kongefamilie er redusert til aktører i en såpeopera?

Pensjonist,
Snarøya.

Snipp, snapp, snute...?

Kronprins Haakon skuffer stort, hans foreldre må være ganske skuffet de også. Det har ganske sikkert vært rabaldermøte i heimen.

Men kongeparet sitter i glasshus, og det kan umulig ha vært lett å takle Haakons ønske om samboerskap med en alenemor, og attpåtil har vanket i et belastet miljø.

Kanskje Haakon slett ikke ønsker å overta tronen, og derfor gir blaffen i konsekvensen av sin oppførsel? Kong Olav må snu seg i graven.

Grethe Christine Hansen,
Oslo

– Hvilket «folk» sier ja?

I VG 4. september leser vi: «Et flertall av det norske folk trykker Mette-Marit Tjessem Høiby til sitt bryst. De sier ja til samboerskap, og vil ha henne som som dronning». Da må jeg spørre hvor i landet «et flertall av det norske folk» er blitt spurt? Er det en snever krets i Oslo – og hvor?

Er det på Aker Brygge, eller på ett eller flere uteste-der? Der hvor jeg bor er oppfatningen en helt annen. Jeg har i dagens avis hatt kontakt med noen titalls vanlige personer av begge kjønn – i alle aldrer, men jeg har ennå til gode å høre at en eneste en har godtatt det Norsk Gallup mener å ha kommet frem til.

De jeg har hatt kontakt med mener at Kronprinsen selvfølgelig må kunne velge fritt – og da leve som privatperson med sin Mette-Marit – men konge og dronning i Norge er helt utenkelig.

S. M. Fauske,
Larvik.

Debatten går videre

Om kongelig gangsyn

Ærlig talt! Har alle beboerne i Drammensveien 1 mistet sitt kongelige gangsyn? Og har VG gjort det samme? Avisen bruker 20 sider på noe som burde vært forbigått i stillhet!

Og er nå det norske folk så positive til denne alliansen? For å få bekreftet eller avkreftet dette bør vi virkelig folket få si sitt om monarkiets framtid i en folkeavstemning.

Vår kronprins har utvist usedvanlig dårlig dømmekraft i denne saken. Han har oppført seg som en bortskjemt unge, ennå ikke ferdig med trassalderen, sine 27 år til tross. Han har vært på TV og fortalt om og unnskyldt sin kjærestes fortid og tilknytning til house-miljøet. Alle vet at et house-party er synonymt med dopparty. Dersom noen har deltatt på en slikt party uten å snuse dop, ja, så er de i et meget begrenset antall.

Dessuten har vi det sikkerhetsmessige. Vi vet at østeuropeisk mafia opererer på norsk jord. Og de skyr ingen midler for å få viljen sin. Med en kriminell tredjeperson involvert i denne saken, sier det seg selv at forholdet burde vært avsluttet før det startet. Det burde alle involverte innsett før det var for sent. Kanskje er det ikke for sent, men det haster.

1943-modell,
Skien.

Obwohl wirklich »alle« etwas zu der Situation zu sagen hatten, kam aus dem Schloss nur Schweigen. Die Informationschefin Wenche Rasch war berechenbar wie ein Uhrwerk. »Kein Kommentar«, sagte sie, aber eine solche Strategie hält nur bis zu einem gewissen Punkt. Wenn die Nachricht groß genug ist, wirkt nicht einmal mehr der gute alte Klassiker »Kein Kommentar«.

Kurze Zeit später musste das Schloss eine Kehrtwendung in der Wahl der Taktik vollziehen.

Bis dahin bestand die Strategie darin, die Diskussion um das Zusammenziehen totzuschweigen und »die Dinge auf sich zukommen zu lassen«. Es gab viele Fragen, und sie konnten fast alle nur von höchster Stelle beantwortet werden:

Welchen Status würde Mette-Marit Tjessem Høiby erhalten?

Welcher Meinung war eigentlich das Königspaar?

Hatte es so ohne weiteres akzeptiert, dass sein einziger Sohn – der Thronfolger – mit einer allein erziehenden Mutter und deren Kind zusammenziehen würde?

Die neue Strategie bestand nun darin, die Königsfamilie selbst die Nachricht kommentieren zu lassen, und zwar bei Anlässen, wo es für sie ohnehin ganz natürlich war, mit der Presse zu sprechen. Der Kronprinz musste während eines Treffens mit norwegischen Medienvertretern in Berlin als Erster ins Feuer.

»Für mich als jungen Menschen ist diese Lebensform ganz natürlich. Das ist normal für unsere Generation.«

Haakon sagte, er wolle heiraten, wenn die Zeit reif sei.

»Ich brauche Zeit, Mette-Marit braucht Zeit. Besonders für sie ist das eine große Umstellung«, sagte der Kronprinz und räumte ein, dass der König überredet werden musste.

»Für meinen Vater war das eine schwierige Frage, dass wir zusammenwohnen wollten. Das will ich gar nicht verhehlen. Aber ich erfahre nur Wärme und Fürsorge von meinem Vater wie auch vom Rest der Familie. Da brauche ich mir keine Sorgen zu machen«, sagte Haakon.

König Harald hatte 1968 fast die gleichen Zweifel und Qualen durchgemacht. Damals war König Olav der Ansicht, dass der Wunsch des Sohnes, Sonja Haraldsen zu heiraten, der königlichen Tradition völlig widerspreche, und es war ein langer und schmerzvoller Prozess bis zur öffentlichen Bekanntgabe ihrer Verlobung gewesen.

Außerdem hatte sich Seine Majestät schon einmal zum Zusammenleben ohne Trauschein geäußert, und zwar in dem Buch »König Harald – Monarchie mit Rücken- und Gegenwind«, das Per Øyvind Heradstveit 1996 herausgegeben hatte.

»Könnten Sie bei Ihren Kindern ein Zusammenleben ohne Trauschein akzeptieren?«

»Das ist eine völlig hypothetische Frage in der derzeitigen Situation. Ich glaube wohl, ich würde sie – wenn sich eine solche Frage stellen würde – dazu überreden, normal zu heiraten. Wenn es so wäre, dass die beiden sich ebenso gut ein solches Zusammenleben vorstellen könnten, würde ich sie wohl zur Ehe überreden. In diesem Zusammenhang ist das Zusammenwohnen eine theoretische und hypothetische Frage. Es ist keine realistische Alternative«, antwortete der König.

Der Nächste war König Harald, der vor dem UNO-Gebäude in New York die Presse traf.

»Lassen Sie mich zuallererst sagen, dass ich sehr froh bin, dass der Kronprinz eine Freundin gefunden hat. Die Königin und ich haben in der letzten Zeit Mette-Marit sehr zu schätzen gelernt«, sagte der König und fügte hinzu, dass es ein schwieriger Prozess gewesen sei und dass er hoffe, die jungen Leute würden heiraten.

Prinzessin Märtha Louise war gerade in Sydney, um den Olympia-Einsatz ihres damaligen Freundes Bruce Goodin zu verfolgen, als sie nach ihrer Meinung gefragt wurde.

»Ich finde es sehr schön, dass mein Bruder, der Kronprinz, ein Mädchen gefunden hat, das er liebt. Ich hoffe, ihr gebt ihr die Zeit und die Möglichkeit, die sie braucht, um die Rolle einer Prinzessin auszufüllen. Ich weiß aus eigener Erfahrung, dass das Zeit braucht«, sagte Märtha.

Die drei ersten Familienmitglieder gaben ihre Kommentare aus dem Ausland ab. Königin Sonja sollte die offizielle Eröffnung des neuen Rikshospitals vornehmen, als sie zur wilden Ehe ihres Sohnes befragt wurde. Ihre Antwort ähnelte der des Königs sehr.

»Es ist sehr schön, dass der Kronprinz eine Frau gefunden hat, mit der er sein Leben teilen möchte. Ich habe Mette-Marit sehr schätzen gelernt, je besser ich sie kennen gelernt habe. Als Mensch ist sie einzigartig, finden wir«, sagte die Königin im Fernsehen.

Kurze Zeit darauf wurde sie krank.

In diesem Herbst drehte sich alles um Mette-Marit. Als sie und Haakon im Jahr zuvor zusammenkamen, war sie an der Osloer Universität eingeschrieben, ließ das Studium jedoch ruhen. Nun war die Situation eine andere. Mitte September tauchte sie wieder im Seminarraum auf. Mette-Marit begann Einführungskurse für Journalistik zu belegen. Nur wenige Tage später erlebte sie ein Beispiel für eines der wichtigsten Dinge, die junge Journalisten lernen sollten: Hast du keinen Konflikt, dann hast du auch keinen Fall. *Se og Hør* hatte sowohl einen Konflikt als auch einen Fall und enthüllte:

»Haakon sollte gekidnappt werden!«

Die Polizei hatte ein Jahr zuvor eine, wie sie es nannte, »echte Bedrohung« des Kronprinzen im Ullevålsveien 7 abgewehrt. *Dagbladet* schrieb am Tage darauf, dass die jugoslawische Mafia hinter der geplanten Entführung gestanden hätte. Die Polizei ging von unterschiedlichen Theorien aus. Lösegeldforderungen waren eine davon. Zuvor hatte die Polizei einen geheimen Bericht über Mette-Marit und ihren Freundeskreis verfasst. Als der Bericht bekannt wurde, gab es ein großes Geschrei, und auch nun gab es wieder ein riesiges Gezeter. Eine der Schlussfolgerungen in dem Bericht war, dass Mette-Marit engen Kontakt zu Personen aus kriminellen Kreisen hatte, und jetzt meinte die Polizei, es sei »äußerst besorgniserregend«, dass dieser Kontakt noch immer bestehe. Bei der Eröffnung des In-Lokals *Buddha Bar*, bei der im Übrigen jeder zweite Promi Norwegens zugegen war, war Mette-Marit in Gesellschaft einer bekannten Größe aus Oslos Unterwelt beobachtet worden.

Behauptungen und Halbwahrheiten waren schon lange zuvor umhergeschwirrt, aber sie wurden ein ums andere Mal gestoppt. Nun war der Fluss der wahren und unwahren Geschichten sehr mächtig geworden, ein reißender Strom, der sich mit großer Gewalt seinen Weg bahnte, in die Zeitungsredaktionen, Fernsehsendungen und in die Wohnzimmer der Leute. Norwegische Medien deuteten etwas an, im Internet wurden sehr hässliche Gerüchte verbreitet, und all dies wurde im Ausland für bare Münze genommen.

Da griff der Ministerpräsident mit einer glasklaren Stellungnahme ein. Auf die gleiche Weise, wie er selbst vor einigen Jahren in der Zeitung *VG* das Gerücht entkräften musste, er hätte seine Familie verlassen und wäre zu einem Mann gezogen.

»Es ist unwürdig und inakzeptabel, dass Gerüchte über Mette-Marit verbreitet werden. Alle jüngeren Menschen haben ein Recht darauf, in Ruhe eine Beziehung zu entwickeln. Außerdem ist auch Norwegen als Nation sehr damit gedient, wenn diese Gerüchte aufhören«, sagte Stoltenberg.

Das Königshaus erkannte nun, dass man vollständig die Kontrolle verloren hatte, was die Gerüchte um die Freundin des Kronprinzen anging. Auch wenn die gesamte Königsfamilie Mette-Marit offen verteidigt hatte. Das war bei weitem nicht genug. Schon seit dem Beginn der Romanze war das Königshaus für die Art und Weise kritisiert worden, wie es die Angelegenheit behandelte.

Das sollte nun ein für alle Mal aus der Welt geräumt werden.

Deshalb wurden zwölf der wichtigsten Redakteure des Landes zu Kaffee und belegten Broten in den Drammensveien 1 eingeladen.

Das Treffen hatte gerade begonnen, als Hofmarschall Lars Petter Forberg dafür sorgte, dass den Redakteuren das Butterbrot im Halse stecken blieb. Er bestätigte, dass sich der Kronprinz und seine Freundin verloben wollten, vielleicht sogar noch vor Weihnachten!

Lars Petter Forberg wusste sehr wohl, dass der 25. August 2001 schon als Hochzeitstermin feststand und dass eine Verlobung vor Weihnachten auf der Hand lag. Letzteres sagte Forberg den Redakteuren, aber er war mit dieser Mitteilung zu voreilig. Haakon wusste nämlich nicht, wie lange er brauchte, um Mette-Marit zu überreden und auf eine öffentlich bekannt gegebene Verlobung mit anschließender Pressekonferenz im großen Stil und Fototermin vorzubereiten. Zu diesem Zeitpunkt war es keineswegs sicher, dass es noch vor Weihnachten eine Verlobung geben

Mette-Marit und Haakon mit Fußbällen im Frognerpark, auf dem Weg zu Freunden.

Nach dem berüchtigten Redakteurstreffen im Schloss nahm Haakon die Sache selbst in die Hand. Es wurde der reinste »Triumphzug«, als er mit seiner Liebsten das erste Mal vor die norwegische Presse trat.

würde, es war nur eine der angedachten Möglichkeiten. Aber da Forberg sich nun einmal verplappert hatte, wurde es eine Tatsache, der sich alle fügen mussten.

Die Farce war komplett, als das Treffen vorbei war.

Anstatt dass nun das Königshaus die Regie übernahm und den auf dem Schlossplatz wartenden Presseleuten mitteilte, was in der Sitzung verkündet worden war, ließ man die Redakteure hinaus. Zuerst kam Odd J. Nelvik, Chefredakteur von *Se og Hør*, heraus. Und obwohl er sonst gerne exklusive News in seinem Blatt hat, war ihm klar, dass er hiermit nicht hinterm Berg halten konnte. Das ärgerte wohl den Mitarbeiterstab am Hofe noch zusätzlich, dass es ausgerechnet Nelvik war, der ganz Norwegen die bevorstehende Verlobung bekannt gab.

Ein einziges Mal hatte die Führung des Schlosses versucht, offensiv zu sein, aber gleich wieder die Kontrolle verloren.

Die Spitzenpolitiker gratulierten, sogar Bischof Stålsett sagte, dass dies ein gutes Signal wäre, aber eigentlich niemanden überraschen dürfte. Nun sollte es eine Verlobung geben!

Am Nachmittag warteten die Medien vor dem Gebäude des Außenministeriums direkt gegenüber dem Schloss auf Haakon.

»Noch sind wir nicht verlobt, aber Mette-Marit ist ein nettes Mädchen«, sagte er. Etwas später musste Hofmarschall Lars Petter Forberg zurücknehmen, was er beim Treffen mit den Redakteuren hatte verlauten lassen.

»Das Schloss hat heute keine Verlobung bekannt gegeben.«

Wieder musste Haakon den Job übernehmen, zu dem das Schloss offenbar nicht in der Lage war. Er machte mit Mette-Marit einen Spaziergang von der Wohnung bis zum Naherholungsgebiet St. Hanshaugen. Die Fotografen schossen endlich die ersten ordentlichen und gemeinsamen Bilder des Paares. Obgleich sie nicht verlobt waren, zeigte Haakon ganz Norwegen seine Liebe zu Mette-Marit. Dieser inoffizielle Triumphzug war nur ein paar hundert Meter lang, aber er war ein großer Schritt für Haakon und Mette-Marit. Während des Spazierganges im Frognerpark am Tag darauf konnten die NRK-Zuschauer Mette-Marit zum ersten Mal reden hören:

»Wir müssen schließlich auch ein Familienleben haben. Ich finde, das solltet ihr respektieren. Mit 40 Journalisten im Schlepptau, immer wenn wir rausgehen, das wird etwas schwierig«, war ihr deutlicher Hinweis an den Reporter der norwegischen Tagesschau-Redaktion.

Als Mette-Marit sich das nächste Mal öffentlich äußerte, hatte sie etwas mehr auf dem Herzen.

Da saß sie im Schloss – vor der versammelten norwegischen Presse.

Voll echter Emotionen erzählte sie, warum sie sich mit Haakon verlobt hatte.

Das Mädchen aus Kristiansand im so genannten »Mette-Marit-Pullover« im Zentrum von Oslo. Einige Tage später war der farbenfrohe Pullover bei Hennes & Mauritz ausverkauft.

Kapitel 9

Die große Herausforderung

Die Privatperson Mette-Marit Tjessem

Høiby aus Vågsbygd gibt es nicht mehr. Nun ist sie Norwegens neue Kronprinzessin. Das Gesicht der allein erziehenden Mutter wird für den Rest ihres Lebens eines der wichtigsten Gesichter des Landes sein. Es gibt wohl nicht viele Menschen, die eine solch krasse Wandlung bewältigen. Wie wird Mette-Marit diese beachtliche Aufgabe meistern? Familie, Freunde, ihre neue Schwiegerfamilie und der Mitarbeiterstab im Schloss sind wohl ebenso gespannt wie sie selbst. Freut sie sich? Ist sie motiviert? Findet sie es spannend? Es gibt so viele Fragen, sie werden in der nächsten Zeit in unzähligen Interviews beantwortet werden. Und Mette-Marit wird nicht zuletzt beweisen müssen, dass diese Antworten nicht nur Lippenbekenntnisse sind.

Oberflächlich betrachtet, könnte man meinen, dass der königliche Alltag nur aus Festessen mit fünf Gängen und dem Zerschneiden von Einweihungsbändern besteht. Die Wirklichkeit sieht ganz anders aus. Besuche und Reden müssen vorbereitet und Namen auswendig gelernt werden. Nichts wird dem Zufall überlassen, auch wenn es manchmal ganz zufällig und improvisiert wirken mag. Das nennen die Medien dann »Volksnähe«. Und die ist für die Norweger nach König Haakons Tod zum wichtigsten und beliebtesten Markenzeichen der Monarchie geworden.

»Mette-Marit braucht Zeit«, sagte Königin Sonja gut einen Monat vor der Hochzeit zum Frauenmagazin *Henne*. Das ist auch die allgemeine Auffassung im Schloss, wo im Übrigen die Spannung größer ist als die Erwartungen.

Jetzt, da Mette-Marit allmählich beginnt, Norwegen im Ausland repräsentieren, bekommt sie wirklich zu spüren, wie die Medien jeden ihrer Schritte verfolgen. In den Reportagen dreht sich meistens alles um Form und Stil. Kleidung, Frisur und Make-up sind drei der wichtigsten Stichwörter.

Norwegische Stylisten geben ihr in den Zeitungen ständig »gute Ratschläge«:
»Mach mehr aus deiner Frisur!«
»Vergiss den Pferdeschwanz!«
»Werde zeitgemäßer!«
»Sei frecher in deinem Stil!«
»Mehr Glamour!«

Die führenden norwegischen Moderedakteure waren sich nach der Hochzeit des neuen luxemburgischen Großherzogpaares im Wesentlichen nur in einem Punkt einig: Es musste etwas getan werden!

Als Mette-Marit aus Luxemburg zurückkam – es war ihre erste Repräsentationsaufgabe im Ausland – wurde sie von *VG* mit der in extragroßen Typen gesetzten Schlagzeile empfangen: »VERGISS BEIGE!«

»Beige macht sie blass«, entschieden die Experten.

Fast alle Besserwisser waren auch der Meinung, dass Mette-Marit an ihrer Haltung arbeiten musste:

»Eine Prinzessin kann nicht wie sie mit krummem Rücken dastehen. In der Beziehung muss sie sich zusammenreißen. Ich finde auch, sie sollte das Haar mehr auftoupieren und sich etwas mehr schminken. Das Haar im Pferdeschwanz zu tragen ist ein bisschen sehr schlicht«, meinte Tine Solheim, eine der renommiertesten Modedesignerinnen Norwegens.

»Es ist nicht immer so leicht, eine Verbindung herzustellen zu der Person, die in der Zeitung gezeigt wird. Ich habe nicht immer das Gefühl, dass ich das bin«, sagte Mette-Marit ein paar Wochen vor der Hochzeit in einem Interview mit der Frauenzeitschrift *KK*.

»Für mich ist es am wichtigsten, ein Image zu bekommen, mit dem ich mich auch identifizieren kann«, meinte sie im gleichen Interview.

»Ich glaube nicht, dass Mette-Marit ihre Entscheidung, Kronprinzessin zu werden, bereut hat. Aber es ist klar, dass sie an manchen Tagen einfach alles und jeden gründlich satt hatte. In vielerlei Hinsicht wurde sie von all den Aufgaben, die sie bewältigen muss, überrascht. Mette-Marit war wohl nicht auf das, was alles auf sie zukam, vorbereitet«, sagt eine Freundin.

Bisher waren es Repräsentationsaufgaben der einfacheren Art.

Mit hochgestecktem Haar und in einem klassisch lichtblauen Kostüm, passend dazu fliederfarbene Schuhe und Tasche. Mette-Marit war eine wahre Augenweide bei ihrer ersten offiziellen Repräsentationsaufgabe im Rahmen der Nobelpreisverleihung im Dezember 2000 im Rathaus von Oslo.

Eine strahlend schöne Mette-Marit beim Nobel-Konzert im *Oslo Spektrum*.

Mette-Marit brauchte nur nett zu lächeln und einen interessierten Eindruck zu machen. Beim Besuch in Luxemburg hielt sie sich völlig im Hintergrund.

»Sie scheint sich zu Tode zu langweilen«, meinte der Reporter einer der größten Zeitungen Norwegens, ohne diesen Satz aber zu drucken.

Nach Weihnachten wurde die PR-Strategie des Schlosses sehr viel offensiver und durchdachter. Nun sollte das Brautpaar »aufgebaut« und bewundert werden. Dass gerade *Dagsavisen* das erste Exklusivinterview mit Mette-Marit bekam, war überraschend, aber kein Zufall. Die Zeitung unterstützt weitgehend die Forderung, Norwegen zu einer Republik zu machen, und findet Themen aus dem Königshaus sonst eher uninteressant. *Dagsavisen* hatte sich deshalb während der ganzen Debatte um die Liebesbeziehung zwischen dem Kronprinzen und dem Mädchen aus Kristiansand passiv verhalten.

Hätte man sich im Schloss für *VG, Dagbladet, Se og Hør* oder *Aftenposten* entschieden, wäre Mette-Marit garantiert nicht um kritische Fragen herumgekommen. In *Dagsavisen* waren es Fragen von der Art: »Wie reagierst du auf all die Gerüchte?« Eine Frage, die durchblicken lässt, dass alle Geschichten um Mette-Marit Hirngespinste und von vorn bis hinten die reinste Erfindung sind.

Eine andere Frage begann so:

»Du und Haakon seid in nur kurzer Zeit unglaublich beliebt geworden …«

Mit Blick auf all jene im Königreich, die der Verbindung skeptisch gegenüberstehen, wird man diese Frage wohl etwas lobhudlerisch nennen dürfen …

Alle Fragen waren vorab ins Schloss geschickt worden, damit sich Mette-Marit auf die Antworten vorbereiten konnte. Nachdem das Interview niedergeschrieben war, wurde der Text noch einmal Informationschefin Wenche Rasch zur Genehmigung vorgelegt. Norwegische Journalisten finden sich mit allem Möglichen ab, wenn sie die Chance haben, eine Exklusivstory zu landen.

Am 22. August 2001 gab es in Oslo eine internationale Pressekonferenz. Das Schloss hatte festgelegt, dass jeder Journalist nur eine Frage stellen durfte, ohne Chance zum Nachfragen.

In vielen Ländern nennt man so etwas Zensur.

Journalisten beschönigen oft die Wahrheit ein wenig, um ihre Interviewpartner sympathischer erscheinen zu lassen und sie bis zu einem gewissen Grad vor sich selbst zu schützen. Stand-up-Comedians und Showstars kennen solche Schranken nicht. Auf mehreren Bühnen wurde Mette-Marit im Sommer 2001 mit weit weniger schmeichelnden Worten bedacht. Am weitesten ging wie immer der Komiker Thomas Giertsen, der Mette-Marit übrigens beim *Quart-Festival* ein paar Jahre früher recht gut kennen gelernt hatte.

»Sie hat sich alles Mögliche in die Nase gepfiffen, und jetzt hat sie Angst vor 'ner kleinen Reise mit dem Flieger?« Das sagte er in der *Scene West* in Oslo, obendrein im Beisein von Prinzessin Märtha Louise und ihrem Freund, dem Skandalautor Ari Behn, die beide in der ersten Reihe saßen. Das Publikum johlte.

Der bekannteste Komiker Norwegens machte die neue Kronprinzessin lächerlich, als wäre es die natürlichste Sache der Welt. Es ist ja nichts Neues, dass die Königlichen und andere Promis ordentlich ihr Fett wegbekommen. Aber jetzt haben sich Inhalt und Inszenierung radikal verändert. Hier macht man sich über Mette-Marits ausschweifende Vergangenheit lustig – mit Prinzessin Märtha Louise und ihrem Ari Behn (»Ich hab mich in Drogen und polnischen Huren gewälzt«) auf den besten Plätzen.

Während König Olav seinerzeit noch darauf Wert legte, dass die Mitglieder des Königshauses konservativ und zurückhaltend waren, haben seine Enkelkinder nun eine völlig entgegengesetzte Haltung.

In einem Leserbrief der *Dagbladet*-Freitagsbeilage stellte im Juli 2001 jemand folgende Betrachtung an: »1972 nahm König Olav die Straßenbahn. 1992 nahm Mette-Marit Ecstasy. Die Leute müssen einsehen, dass die Zeiten sich ändern und es viele Arten von Volksnähe gibt.«

Das Liebesleben der norwegischen Königskinder ist bahnbrechend, selbst in globalem Maßstab. Haakon und Märtha Louise sind durch die Wahl ihrer Partner zu Europas Medienlieblingen geworden. Seite um Seite wird über den norwegischen Thronfolger und seine große Schwester geschrieben.

Das Monaco-Trio Caroline, Stephanie und Albert ist keine Schlagzeile mehr wert und hat längst sein Schockpotential verloren. Haakon und Mette-Marit, Märtha Louise und Ari sind viel spannender!

Im katholischen Spanien findet man Mette-Marits Vergangenheit äußerst unpassend für eine Kronprinzessin. Wörter wie »scandale«, »scandalo« und »escándalo« tauchten immer wieder in den Schlagzeilen europäischer Publikationen auf.

In Norwegen war die Presse auf ihren redaktionellen Seiten etwas vorsichtiger. Der Geschichtsprofessor Hans Fredrik Dahl war einer der Ersten, der das Königshaus wirklich angriff. In einem Feuilleton in *Dagbladet* schrieb der frühere Kulturredakteur des Blattes unter der Überschrift »Der Thron wackelt«: *»Soll die norwegische Monarchie durch den leichtsinnigen Drogen-Flirt der Königskinder und ihr*

jugendliches Spiel mit ach so gefährlichen Liebsten untergehen? Das ist heute tatsächlich ein Problem.«

Dann schrieb Professor Dahl über den nahezu fundamentalistischen Kampf Norwegens gegen Drogen, der bereits anhält, seitdem die ersten Blumenkinder Mitte der sechziger Jahre den ersten Joint im Schlosspark rauchten. Rauschgift ist nun seit bald 40 Jahren das große, böse Ungeheuer. Die Norweger hatten die strengsten Strafen der westlichen Welt bei Rauschgiftdelikten – und nun hatten die Drogen sogar das Königshaus eingenommen.

»Hat Ari Behn Drogen ausprobiert? Hat Mette-Marit Ecstasy genommen? Und wenn ja (und das trifft wohl leider in beiden Fällen zu): Wie kann dann eine Person, die diese Todsünde begangen hat, unser aller Vorbild sein?«, fragte Dahl. Er befürchtete, dass die Monarchie ihrem Ende entgegengehe.

Hans Fredrik Dahl war der erste, der schwarz auf weiß schrieb, dass Mette-Marit höchstwahrscheinlich Ecstasy genommen hat. Während Journalisten früher für ihre Vergangenheit Haakons eigene Formulierung vom »ausagierenden Feiern« übernommen hatten, schrieb der Geschichtsprofessor nun, dass Mette-Marit wohl Ecstasy ausprobiert hatte.

Ein anderer Neunmalkluger im Reich, der kopfschüttelnd die Entwicklung im Königshaus betrachtet, ist der Financier Trygve Hegnar. In mehreren Leitartikeln in *Kapital* und *Finansavisen* hat er seiner Unzufriedenheit deutlich Ausdruck verliehen. Im letztgenannten Blatt macht er der ganzen Königsfamilie und nicht zuletzt König und Königin heftige Vorwürfe:

»Sowohl die Prinzessin als auch der Erbprinz Haakon Magnus suchen sich Partner mit einem etwas sonderbaren Hintergrund. Im Falle der zukünftigen Königin wird das als ein etwas ›ausagierendes‹ Leben beschrieben. Das schließt Umgebung, Personen und den Konsum von Rauschmitteln mit ein. Herr Behn rühmt sich sogar noch seines Rauschmittelkonsums. Nichts gegen Stallburschen und Pferdediebe. Aber ein Zahnarzt oder Diplomkaufmann darf doch nicht von vornherein aufgrund seiner Ausbildung oder seines Einkommens ausgeschlossen werden. Oder wegen seines Wohnortes. Hier muss es bei König Harald und Königin Sonja an irgendeiner Stelle wohl ausgesetzt haben«, schrieb Hegnar und schloss: »Im Vergleich zu Ari Behn wäre selbst der lächerliche Prinz von Hohenzollern noch ein gute Wahl.«

Als die Debatte um Haakon und Mette-Marit auf ihrem Höhepunkt war, wurde Königin Sonja krank. Der Grund dafür waren sicher nicht nur die Diskussionen um die Liebesbeziehung ihres Sohnes, aber der ganze Wirbel und die Unruhe um das Verhältnis führten dazu, dass es lange dauerte, bis sie sich wieder erholt hatte. Nicht zuletzt deshalb, weil sie großes Verständnis für den Teil der Bevölkerung hatte, der der Verbindung skeptisch gegenüberstand.

Im März 2001 war Mette-Marit auf Shopping-tour in New York und kaufte Kleider für rund 36 000 Dollar. Gardesoldaten, die am Schloss Dienst tun, mussten alle ihre Koffer in die Wohnung im Ullevålsveien 67 tragen.

Die Debatte nahm auch König Harald sehr mit. Lange Zeit war er sehr niedergeschlagen und bedrückt. Aber die Königsfamilie ging gestärkt aus der turbulenten
Zeit hervor. König und Königin hoffen, dass die Schwiegertochter ihren Job gut machen wird. Mette-Marits Geschlechtsgenossinnen sind ebenfalls optimistisch. In
einer Meinungsumfrage in *KK* waren ganze 80 Prozent der norwegischen Frauen der
Meinung, dass sie ihren Verpflichtungen als Mitglied der Königsfamilie gerecht werden wird. Und die Zeit arbeitet ohne Zweifel für die neue Kronprinzessin. Von Mal
zu Mal erhält sie mehr Lob für die Erfüllung ihrer Repräsentationsaufgaben. Die
Überschriften im Sommer 2001 lauteten oft: »Mette-Marit in Mode«, »Königin
sehr von Mette-Marit eingenommen« oder – in Anspielung auf die norwegische Na-
tionalhymne – »Ja, wir lieben Mette-Marit«.

Sogar Königin Elisabeth von England äußerte sich anerkennend gegenüber der norwegischen Presse:

»*She is nice, very nice.*«

Und was ist nun mit Haakon und Mette-Marit? Werden sie alle ihre Tage glücklich miteinander verleben?

Der Kronprinz ist überzeugt, so sagte er, dass man seine Wahl mit der Zeit verstehen wird.

»Wir werden unsere Aufgaben viel besser erfüllen können, wenn wir mit unserer Lebenssituation zufrieden sind«, sagt er.

»Die Begegnung mit Mette-Marit war für mich ein ganz besonderer Augenblick. Nicht jeder findet jemanden, mit dem er den Rest seines Lebens zusammen sein möchte. Ich bin sehr dankbar dafür, dass Mette-Marit eingewilligt hat, ihr ganzes Leben bei all dem dabei zu sein.«

Die neue Kronprinzessin hofft, dass das norwegische Volk ihr Zeit gibt und sie als den Menschen akzeptiert, der sie heute ist.

»Es ist klar, dass es eine Reihe von Dingen in meinem Leben gibt, die ich gern anders gemacht hätte. Aber ich habe nicht die Möglichkeit, diese Entscheidungen noch einmal zu treffen«, sagt Mette-Marit selbst.

Jetzt hat sie sich für ein Leben in aller Öffentlichkeit entschieden.

Gemeinsam mit ihren beiden Männern.

Marius und Haakon.

Oooh, wie spannend! Mette-Marit und Haakon mit dem kleinen Marius auf dem Schoß bei einer Vorstellung im *Circus Arnardo* im Osloer Stadtteil Tøyen.

Das vielleicht außergewöhnlichste Foto von Haakon und Mette-Marit. Am Strand von Marokko übte das neue Kronprinzenpaar den Brautwalzer, während der kleine Marius im Sand spielte.

Mette-Marit im Bikini während der Osterferien
im glühend heißen Marokko.

Mette-Marits Debüt auf königlichem Parkett in Europa fand im April 2001 in Luxemburg statt.
Hier gemeinsam mit Haakon, der schwedischen Kronprinzessin Viktoria,
dem dänischen Kronprinzen Frederik und Kronprinz Felipe von Spanien.

Gemeinsam mit Kronprinz Haakon und Schwiegermutter Sonja nahm Mette-Marit am 17. Mai 2001, dem norwegischen Nationalfeiertag, auf dem Schlossbalkon die Huldigungen des Volkes entgegen.

Eine stolze Mette-Marit zeigt bei einer Konfirmation in Kristiansand ihrer älteren Schwester Kristin ihre funkelnagelneue »Fantasietracht«. In der Folgezeit entbrannte eine größere Diskussion, in der manche behaupteten, sie verwässere die norwegischen Traditionen.

Zwischen all den vornehmen Lunches und Dreigängemenüs schmeckt ein »normaler« Hamburger bei McDonald's auch mal ganz gut.

Gegenüberliegende Seite:
Mit krummem Rücken und
vorgeschobenem Bauch. Viele
waren empört, dass das Schloss
ein so unvorteilhaftes Bild von
Mette-Marit veröffentlichte.

Im Sommer 2001
zeigte Königin
Sonja ihre
private Kunst-
sammlung im
Henie-Onstad-
Museum. Mette-
Marit war sicht-
lich beeindruckt.

Mette-Marit verneigte sich tief und ernst vor Königin Elisabeth bei deren Staatsbesuch in Oslo.

Kapitel 10

Hochzeit mit Stil

Der Hagel an Superlativen war in den Medien dichter als der Hagel an Reiskörnern, der vor der Kirche auf eine sommerliche Braut niederprasselt. Es war eine fantastische Hochzeit gewesen, darin stimmten alle in schöner Einigkeit überein. Mehr als 1,5 Millionen Norweger hatten die Trauung am Fernseher erlebt, und kaum ein Auge war trocken geblieben, als Mette-Marit Tjessem Høiby ihren Nachnamen verlor und die Ehefrau des Kronprinzen wurde.

Die Hochzeitswoche begann mit einem aufsehenerregenden Auftakt. Bevor die Pressekonferenz so recht angefangen hatte, ergriff Mette-Marit in Anwesenheit der internationalen Medienvertreter das Wort. Sie hatte etwas auf dem Herzen. Etwas, das ihr wichtig war.

»Mein Jugendaufruhr hat sich bei mir, glaube ich, viel stärker geäußert als bei anderen, und zu der Zeit war es für mich wichtig, kontrovers zu dem zu leben, was akzeptiert war. Das hat auch dazu geführt, dass ich ziemlich ausschweifend gelebt habe. Ich war in einer Umgebung, wo das getestet wurde, und wir haben Grenzen überschritten. Das war für mich eine furchtbar teuer erkaufte Erfahrung, und es hat lange gedauert, sie zu verarbeiten. Und damit es keinen Zweifel gibt, wo ich heute stehe, möchte ich bei dieser Gelegenheit auch sagen, dass ich mich von Drogen distanziere.«

Die internationale Pressekonferenz begann mit einer Sensation:
Die verblüfften Pressevertreter hörten eine bewegte Mette-Marit
über ihre »ausschweifende« Zeit erzählen,
als »das getestet wurde«.

Zum ersten Mal, seitdem Kronprinz Haakon den Ausdruck »ausagierendes Feiern« für den Drogenkonsum seiner Freundin lanciert hatte, sprach Mette-Marit offen darüber. Mit einer Stimme, die gerade noch trug, erzählte sie den Anwesenden von einem »ausschweifenden« Leben, wo »das getestet wurde«.

Einen dramatischeren Auftakt hätte das Hochzeitsfest nicht haben können. Nur vier Tage vor der Trauung sprach sich Mette-Marit aus und gab zu, dass sie Rauschgift probiert hatte! Sowohl für die norwegischen als auch für die ausländischen Pressevertreter kam das Eingeständnis wie ein Blitz aus heiterem Himmel: Sollte es bei dieser Pressekonferenz nicht um Hochzeit, Nervosität und Brautkleid gehen?

Am nächsten Tag waren die Zeitungen voller Kommentare. Alle, angefangen von Politikern bis zu Pastoren, Medienberatern und Interessenorganisationen, äußerten in den Medien ihre Meinung. Während einige die Auffassung vertraten, dass der Zeitpunkt des Eingeständnisses vernichtend sein könnte, feierten die anderen die Liebste des Kronprinzen, weil sie endlich mit ihrer Vergangenheit abrechnete. Ein paar befürchteten, dass Mette-Marits Eingeständnis schwere Schatten auf das Hauptereignis in wenigen Tagen werfen könnte. Das sollte aber nicht geschehen. Zwar war das es Thema des Tages in allen Zeitungen, und sensationell war ebenfalls, dass sich auch die Nachrichtensendung von NRK damit beschäftigte. Dort wurde ein längerer Beitrag über einen Mann in den Vierzigern aus Lillestrøm ausgestrahlt, der über seinen Anwalt mitteilen ließ, Bilder und Videofilme mit Mette-Marit zu besitzen – von sehr privatem Charakter.

»Norwegens schwergewichtigste Nachrichtenredaktion« nimmt in der Regel nichts für bare Münze, bevor nicht offizielle Pressemeldungen aus dem Schloss kommen, und kritische Reportagen über das Königshaus werden nicht gesendet. Während der Trauung im Dom zu Oslo führte NRK Ari Behn folgendermaßen ein: »Und dort sitzt *der Schriftsteller* Ari Behn.« Kein Wort darüber, dass er eigentlich Prinzessin Märtha Louises Lover ist.

Das Eingeständnis hatte die gewünschte Wirkung. Als sich die allein erziehende Mutter Mette-Marit aus Vågsbygd und Kronprinz Haakon im Dom zu Oslo das Ja-wort gaben, saßen die Norweger da und weinten. Das ging unter die Haut, ob man Republikaner oder Monarchist war, alt oder jung. Denn Mette-Marit war eine von ihnen – eine aus dem Volk. Ein ganz normaler Mensch mit seinen guten und weniger guten Seiten, ein Mensch wie Ola und Kari. Eine von ihnen hatte nun den Kronprinzen gewonnen.

Wer hat nicht eine Schwäche für den Außenseiter?

Und wer verliert schon ein böses Wort über Aschenputtel?

Niemand.

Was in aller Welt kann wichtiger sein als Liebe? Echte Liebe?

Nichts.

Der Jubel über Norwegens neues Kronprinzenpaar war am allergrößten, als der kleine Marius auf dem Balkon des Schlosses auftauchte. Die Volksmenge, die sich auf dem Schlossplatz versammelt hatte, jubelte dem Vierjährigen wie einem Popstar zu. In Tausenden von Familien bekamen Menschen eine Gänsehaut und nickten einander zu: So muss es sein im Jahr 2001.

Das Jahr, als Norwegens Königshaus Geschichte schrieb.

Das Jahr, als Mette-Marit Prinzessin wurde – trotz allem.

Zum offiziellen Fototermin vor dem Jugendfest auf Skaugum, dem Wohnsitz der Königsfamlie, erschien Mette-Marit in einem von der Hippie-bewegung inspirierten Outfit.

Auf dem Weg zum Festessen, zu dem die Regierung am Vorabend des großen Tages auf der Festung Akershus einlud, lächelten Mette-Marit und der Kronprinz dem Publikum und den Pressefotografen zu.

Mette-Marit hat inzwischen offensichtlich gelernt, »professionelle« Posen einzunehmen. Sie und Haakon luden am Tag vor der Trauung Freunde und junge königliche Gäste zu einer Bootsfahrt auf dem Oslofjord ein.

Bischof Gunnar Stålsett erntete viel Lob für die Art und Weise, wie er die allein erziehende Mutter aus Vågsbygd und den norwegischen Tronerben traute.

Fast eine ganze Nation weinte mit, als Mette-Marit während der Trauung die Tränen nicht zurückhalten konnte.

Endlich Mann und Frau! Nach der zu Herzen gehenden Trauung verlässt das neue Kronprinzenpaar den Dom, um die Huldigung des Volkes entgegenzunehmen.

Darauf hatten alle, die vor dem Dom standen, gewartet – den Kuss!

Zum Glück war der Wettergott auf Seiten der Neuvermählten. Mette-Marit und Haakon konnten in einer offenen Limousine über die Karl Johan, Oslos Haupt- und Prachtstraße, fahren.

Das Kronprinzen-paar fuhr unter dem ohrenbe-täubenden Jubel des Publikums vom Osloer Dom zum Schloss.

Links: Ein bereits historisches Foto. Die allein erziehende Mutter Mette-Marit mit dem kleinen Marius auf dem Arm und Haakon an ihrer Seite auf dem Balkon des Schlosses.

Unten: Zehntausende Norweger hatten sich vor dem Schloss versammelt, um den Neuvermählten zu huldigen.

Die königliche Großfamilie auf dem Schlossbalkon versammelt: Königin Sonja, König Harald, Kronprinzessin Mette-Marit, Marius, Kronprinz Haakon, Marit Tjessem, Sven O. Høiby und die hübschen Brautmädchen.

Rechts: Das Aschenputtel aus Kristiansand war eine Augenweide in seinem stilvollen Brautkleid, das in Zusammenarbeit mit der Braut, dem Designer Ove Harder Finseth und der Schneiderin Anna Bratland entstand.

So wurden sie denn ein Ehepaar: sie, die »ausagierend gefeiert« hatte, und er, der den Thron erben wird.

Oben: Königin Sonja war für Mette-Marit in den letzten Monaten vor der Hochzeit eine große Stütze.

Unten: Mette-Marit und ihre Familie sind in gute Gesellschaft gekommen. Dies ist das offizielle königliche Brautbild.

Ein stolzer und ge-
rührter Espen umarmt
seine kleine Schwester
lange und herzlich vor
dem Hochzeitsessen.

Das Ehepaar ohne Nachnamen auf dem Weg zur Hochzeitstafel.

König Harald hielt zur Feier des Tages seine persönlichste Rede.
Sie rührte Mette-Marit und einen Großteil des norwegischen Volkes.

Kronprinz Haakon
richtete eine
ergreifende Rede
an seine Frau:
»Mette-Marit –
deine Seele
sprüht Funken!«

Rechts: Traumnote im Stil: Norwegens neues Kronprinzenpaar tanzt den Brautwalzer. Das Paar hatte Unterricht genommen und ein halbes Jahr geübt.

Mette-Marit war die Königin auf dem Parkett. Hier tanzt sie mit ihrem Schwiegervater, König Harald.

Der kleine Herzensbrecher Marius ist überall dabei.

Während die Braut mit dem Kronprinzen tanzte, tanzte Brautmutter Marit Tjessem mit König Harald.